江西师范大学博士文库专项资助成果

企业环境与企业绩效的关系研究

STUDY ON THE RELATIONSHIP BETWEEN THE ENTERPRISE ENVIRONMENT AND ENTERPRISE PERFORMANCE

杨鑫 著

中国社会科学出版社

图书在版编目(CIP)数据

企业环境与企业绩效的关系研究 / 杨鑫著 . —北京：中国社会科学出版社，2015.5

ISBN 978 – 7 – 5161 – 6117 – 3

Ⅰ. ①企… Ⅱ. ①杨… Ⅲ. ①企业绩效 – 企业管理 – 研究 Ⅳ. ①F272.5

中国版本图书馆 CIP 数据核字（2015）第 099799 号

出 版 人	赵剑英
责任编辑	宫京蕾
责任校对	刘　娟
责任印制	何　艳

出　　版	中国社会科学出版社
社　　址	北京鼓楼西大街甲 158 号
邮　　编	100720
网　　址	http://www.csspw.cn
发 行 部	010 – 84083685
门 市 部	010 – 84029450
经　　销	新华书店及其他书店
印刷装订	北京市兴怀印刷厂
版　　次	2015 年 5 月第 1 版
印　　次	2015 年 5 月第 1 次印刷
开　　本	710×1000　1/16
印　　张	12.25
插　　页	2
字　　数	203 千字
定　　价	39.00 元

凡购买中国社会科学出版社图书，如有质量问题请与本社联系调换
电话：010 – 84083683
版权所有　侵权必究

目　　录

第一章　绪论 …………………………………………………（1）
　第一节　问题的提出 ………………………………………（1）
　第二节　本书的研究意义 …………………………………（3）
　　一　理论意义 ……………………………………………（3）
　　二　实践意义 ……………………………………………（4）
　第三节　研究思路与主要研究内容 ………………………（5）
　第四节　主要研究方法与技术路线 ………………………（8）
　　一　本书的主要研究方法 ………………………………（8）
　　二　本书研究的主要技术路线 …………………………（10）
　　三　本书的研究结构 ……………………………………（10）
　第五节　本章小结 …………………………………………（13）

第二章　相关理论与文献综述 ………………………………（14）
　第一节　企业环境相关理论概述 …………………………（14）
　　一　权变理论 ……………………………………………（14）
　　二　种群生态理论 ………………………………………（16）
　　三　资源依赖理论 ………………………………………（20）
　　四　商业生态系统理论 …………………………………（24）
　第二节　企业环境管理与企业绩效相关文献研究 ………（28）
　　一　国内相关文献的研究 ………………………………（28）

  二 国外相关文献的研究 …………………………………… （33）
 第三节 对现有文献的评论 ………………………………………… （40）
 第四节 本章小结 …………………………………………………… （43）

第三章 企业环境管理与企业绩效相互关系的理论模型构建 … （44）
 第一节 环境相关概念的界定与企业环境维度的划分 ………… （44）
 第二节 企业环境供给的内涵及维度的划分 …………………… （52）
 第三节 环境系统的内涵及维度划分 …………………………… （54）
  一 宏观环境子系统的内涵及维度的划分 ………………… （54）
  二 市场环境子系统的内涵及维度的划分 ………………… （57）
  三 企业内部环境子系统的内涵及维度的划分 …………… （58）
 第四节 企业绩效评价系统的内涵及维度的划分 ……………… （59）
 第五节 企业环境管理与企业绩效关系的理论模型 …………… （62）
 第六节 本章小结 …………………………………………………… （63）

第四章 理论模型假设的提出 ………………………………………… （65）
 第一节 企业环境供给与企业绩效相互关系的基本假设 ……… （66）
 第二节 企业环境供给与企业绩效相互关系的研究设计 ……… （70）
  一 主要研究变量与问卷设计 ……………………………… （70）
  二 研究假设汇总 …………………………………………… （76）
 第三节 本章小结 …………………………………………………… （78）

第五章 实证分析 ……………………………………………………… （79）
 第一节 问卷设计与数据收集 …………………………………… （79）
  一 问卷设计 ………………………………………………… （79）
  二 数据收集与研究样本的选取 …………………………… （83）
  三 调研企业的基本信息 …………………………………… （84）
 第二节 研究方法的确定——结构方程模型 …………………… （87）
  一 结构方程模型简介 ……………………………………… （88）
  二 其他统计方法 …………………………………………… （90）

第三节 变量定义与分类 …………………………………（92）
   第四节 信度与效度的检验 ………………………………（94）
    一 信度分析 ……………………………………………（94）
    二 效度分析 ……………………………………………（103）
    三 验证性因子分析 ……………………………………（111）
   第五节 本章小结 …………………………………………（116）

第六章 实证结果分析与讨论 ………………………………（118）
   第一节 结构方程模型分析 ………………………………（118）
    一 模型界定 ……………………………………………（118）
    二 模型拟合与修正结果 ………………………………（120）
   第二节 数据结果对研究假设的验证 ……………………（123）
   第三节 结果讨论 …………………………………………（132）
    一 企业环境供给速度与企业绩效的关联性讨论 ……（133）
    二 企业环境供给广度与企业绩效的关联性讨论 ……（133）
    三 企业环境供给深度与企业绩效的关联性讨论 ……（134）
   第四节 本章小结 …………………………………………（135）

第七章 深度访谈分析与讨论 ………………………………（137）
   第一节 实地调研企业背景 ………………………………（137）
   第二节 企业访谈及结果分析 ……………………………（140）
    一 对江铃集团股份有限公司的访谈 …………………（140）
    二 对武汉重型机床集团有限公司的访谈 ……………（145）
    三 对江麓容大车辆传动股份有限公司的访谈 ………（149）
    四 对湖南山河智能股份有限公司的访谈 ……………（154）
   第三节 企业访谈的总体结论与启示 ……………………（159）
   第四节 本章小结 …………………………………………（160）

第八章 主要研究结论、建议和未来研究展望 ……………（161）
   第一节 主要研究结论 ……………………………………（161）

第二节　研究启示和建议 …………………………………… (162)
第三节　研究局限和未来研究方向 ………………………… (164)
　一　本书研究的不足之处 ………………………………… (164)
　二　未来的研究方向 ……………………………………… (165)

附录1　调查问卷 …………………………………………… (167)
附录2　样本数据基本统计概要 …………………………… (172)

参考文献 …………………………………………………… (175)

第一章

绪　　论

第一节　问题的提出

改革开放 30 多年以来，中国经济持续发展，已经从规模和总量上成为经济大国，GDP 总量从 1990 年的世界第 11 位上升到 2010 年的第 2 位，进出口总额从第 15 位上升到第 1 位。在此期间，中国的企业成为市场经济条件下经济增长的主要推动力量，许多企业经历了从量变到质变的过程，在技术创新、自主研发能力提高、管理方式的改变等多方面有了飞跃的发展。但是在激烈的市场竞争中，企业家们越来越关注企业环境对企业绩效的影响。

提到企业环境，一般情况下让人联想到的是企业赖以生存和发展的各种外部条件和影响企业日常经营活动的各种外在要素，它对企业产生直接或间接的影响，而影响企业的各种外在因素又是多方面的、复杂的。既有经济的因素，又有自然的因素，既有人力资源、技术、文化等因素，还有政治的、社会的因素等。这些因素相互依存、相互制约，综合对企业绩效产生影响，制约着企业的行为。同时，企业对环境管理策略的实施又影响了环境的变化，尤其在影响企业具体环境方面。所以，现在的企业要想在这急剧变化的竞争中生存下来，就需要越来越多的关注这些影响组织的各种环境要素，怎样使企业发挥更大的能动性，进一步管理好这些环境要素，从而影响企业绩效，为企业奠定良好的可持续发展基础，则是现阶段广大学者普遍积极地进行研究的方向。

以往的学者在对企业环境管理与企业绩效关系的研究方面，虽然有过此类的研究或观点，但他们并未把企业环境管理作为一个整体来研究与企业绩效的关系问题。如巴纳德（Chester I. Barnard, 1938）[①] 对环境、协作、目的、有效性的关系方面做了精辟的分析，认为客观环境是制定目的的一个要素，目的和环境在一系列的阶段中反复互相影响；而目的的实现有赖于协作系统的维持，但环境条件经常改变环境对协作行为的限制，如果协作体系不能进行调节并克服环境中新的限制，它就必然会失败，因为环境中的力量变化可能使一种成功的方法无效；因此，当一个协作体系的目的实现时，我们说这种协作是有效的，当目的没有实现时，就是无效的。这里，环境与目的的关系，显然可以认为是环境管理与绩效的关系问题。斯蒂芬·P. 罗宾斯（Stephen P. Robbins, 1994）[②] 等人在解释企业环境的概念时提出"环境是指对组织绩效起着潜在影响的外部机构或力量"。托马斯·卡明斯（Thomas G. Cummings, 2001）[③] 等人也认为，"组织的环境是指任何组织之外的直接或间接影响组织绩效的事物"。这里，他们更明确地提出了组织的外部环境对组织绩效的影响的观点，如此等等。迄今为止，除对自然环境管理与企业绩效方面有了一定的研究外，还未发现从整体上对企业环境管理与企业绩效关系的系统研究成果。虽然罗伯特·D. 巴泽尔和布拉德利·T. 盖尔（Robert D. Buzzell & Bradley T. Gale, 2000）[④] 对战略与绩效进行了较系统的研究；马尔科姆·S. 格林伍德和马丁·J. 卡特（Malcolm S. Greenwood & Martin J. Carter, 1997）[⑤] 对市场结构、行为和绩效进行了分析，等等，但他们并未将环境管理与绩效建立起直接的联系，而

---

① C. I. 巴纳德：《经理人员的职能》，孙耀君等译，中国社会科学出版社1997年版，第23、26、29、35、153、155页。

② 斯蒂芬·P. 罗宾斯：《管理学》，黄卫伟、孙建敏、王凤彬等译，中国人民大学出版社1997年版，第64页。

③ 托马斯·卡明斯：《组织发展与变革精要》，李剑锋等译，清华大学出版社2003年版，第251页。

④ 罗伯特·D. 巴泽尔：《战略与绩效》，吴冠之等译，华夏出版社2000年版，第44页。

⑤ 马尔科姆·S. 格林伍德：《企业经济学：原理与案例》，阙澄宇译，东北财经大学出版社、汤姆森国际出版社集团1999年版，第97页。

着重研究战略、结构、行为与绩效的关系。约翰·P. 科特和詹姆斯 L. 赫斯科特（John P. Kotter & James L. Heskett，2004）[①] 对企业文化与企业经营业绩的相关性进行了分析，但也是着重对企业内部环境中的文化因素与企业绩效的关系所做的探讨，而企业的外部环境对企业绩效的影响并未纳入其分析框架。因此，上述的研究虽然对认识企业环境管理与企业绩效关系具有重要的意义，但还难以概括企业环境管理与企业绩效之间的一般关系。所以，迄今为止，还没有从整体上对企业环境管理与企业绩效关系有一个系统的研究成果。

因此，本书把企业环境作为一个整体来考虑企业环境管理对企业绩效的影响关系问题。通过从企业环境供给的视角，从三维角度把企业环境的供给分为供给速度、供给深度、供给广度，并和企业绩效一起整合在一个研究框架内，提出理论模型假设，以期从整体角度描述在企业环境供给视角下的企业环境管理对企业绩效的作用机理，为企业在环境的管理策略与方法上提供理论的支持。

第二节 本书的研究意义

一 理论意义

随着经济全球化的到来，世界各国企业的内部和外部环境正在发生着快速不断的变化。复杂的环境给企业带来了前所未有的机遇和挑战。无论是在西方国家还是在中国，如何在快速多变的环境中提升企业的经营绩效一直都是企业所关心的热点话题，特别是随着我国市场经济体制改革进程的不断深入，企业已经成为市场竞争的主体。企业对环境管理的策略与企业经营绩效的提升联系越来越密切。而在企业与环境的理论研究中，企业环境管理与企业绩效的关系，虽然之前有很多学者对此类问题都进行过不少研究并有不少研究成果，但都还难以概括企业环境管理与企业绩效之间的一般关系。

[①] 约翰·P. 科特：《企业文化与经营业绩》，李晓涛译，中国人民大学出版社2004年版，第143页。

对企业环境管理与企业绩效关系的研究不足，一个可能的重要原因是外部环境观。通过对大量相关文献的研究后发现，迄今对企业环境管理的研究，基本上都是将环境作为企业决策或管理的既定前提，因而研究企业环境管理，着重研究在既定环境下企业的应对，并不重视对环境管理本身及其对企业的具体影响过程和企业的反馈作用的研究。这种将环境作为外生变量的研究方法，显然不利于深入研究企业与环境的相互作用机理，从而也就不利于认识企业对环境进行管理的重要性和可能性。因此，如何深入研究企业与环境的相互作用机理，从而进一步研究企业环境管理与企业绩效的关系，对深入企业与环境关系的认识具有重要的理论意义。

二 实践意义

众所周知，我国企业对于企业环境管理的策略与方法与西方发达国家的企业存在着明显差距，同时由于我国和西方发达国家不同社会文化、经济发展阶段和政府政策等因素的差异影响，企业在对待环境管理问题上的认识、态度与行为上也必然存在差异，而且目前我国从整体角度研究企业环境管理对企业绩效影响的理论与实证成果甚少，也使得我国的很多企业在企业环境管理的方法与策略问题上缺乏理论指导。

在当今这个阶段，我国企业也正随着时代的发展在发生着巨大的变化，这种变化体现在越来越强调企业组织结构的灵活性，强调团队的合作性，以及强调企业的可持续发展性。但是，企业对绩效的追求却是企业永远不变的最高目标之一。可是，随着经济全球化，竞争国际化的脚步日益加快，进一步加剧了企业所处环境变化的速度，使得企业环境更加的具有动态性、复杂性和不确定性。但是，目前理论界和企业界对企业与环境关系的认识存在着理论上的偏差，如环境不可控的观点、企业对环境变化无能为力的观点以及被动适应环境的观点等，由此也导致了企业实践活动中的误区，如依赖政府，完全指望政府为企业创造良好的发展环境等。这些理论认识和实践行为，都会影响企业对环境管理的主动性和创造性，不利于企业的发展，迫切需要理论与方法上的探索和创新以指导实践。①

如何深入研究企业与环境的相互作用机理，进一步研究企业环境管理对企业绩效的影响关系，对提升企业的决策与执行能力，适应与控制环境的能力，从而提高企业的经营绩效都有着重要的现实意义。也为政府宏观政策的制定提供所需的信息，使政府从之前被动为企业发展营造宏观环境的角色上转变为引导企业主动管理和创造自身发展所需的微观环境的方向上来。

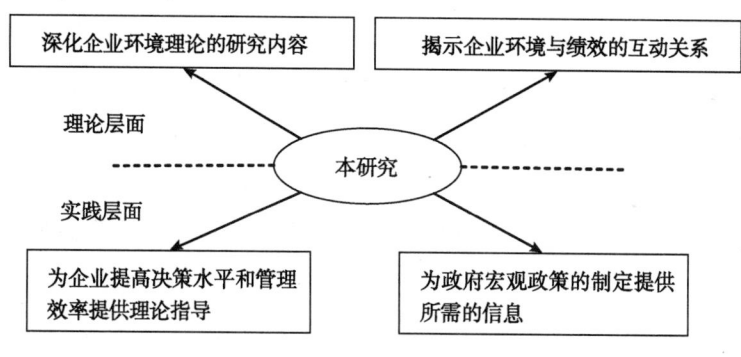

图 1 - 1　研究意义总结图

第三节　研究思路与主要研究内容

在研究之前，首先要明确一下研究的范围。环境问题可分为自然环境和人文环境。那么企业对环境的管理也可分企业对所处的自然环境的管理和人文环境的管理。因此，本书有必要在研究之前界定本书所要研究的范围。本书所研究的企业环境管理着重只是研究企业对其所处人文环境的管理，而非企业对其自身所处的自然环境或整体环境的管理。所以，在本书之后所提到的"企业环境"及"企业环境管理"皆指企业的人文环境和企业对人文环境的管理。

---

① 赵锡斌：《企业环境研究的几个基本理论问题》，《武汉大学学报（哲学社会科学版）》2004 年第 1 期。

本书从环境供给的视角研究企业环境管理与绩效问题,因此,环境供给则是本书的一个重要概念。它是参照微观经济学中的重要概念,在微观经济学中,供给和需求这两个概念是帮助我们理解价格变动的原因和方式,以及政府干预某个市场可能产生的结果。所以,在企业中研究供给和需求也能很好的对企业的战略制定和执行提供理论依据。"供给管理"与经济学理论框架中的"需求管理"成为一对概念。后者强调的是从需求角度实施扩张或收缩的宏观调控,而前者则不然。在凯恩斯主义的"需求管理"概念大行其道几十年之后,主要是在 20 世纪 80 年代"里根经济学"时期有过一段"供给学派"为人们所重视的经历,其所依托的是并不太成体系的供给经济学(Supply-Side Economics),也并非是强调政府在有效供给形成和结构优化方面的能动作用,而是强调税收中性和减税等减少干预、使经济自身增加供给的原则。本书中所研究的企业环境的供给和环境需求也是一对概念,正是因为企业的日益发展,对环境的需求也越来越多,所以,企业环境的供给是针对着企业环境的需求来发展的。

同时,本书认为环境影响企业分为两个方面。第一,直接影响(如金融危机、《劳动法》出台、楼市调控政策等);第二,环境通过企业对环境的管理产生更有利于企业发展的新环境供给,新环境供给的产生影响企业的发展。

由于环境自身的特性,决定了对于环境影响的第一种方式的不可预测性和难以测量性。所以本书着重就环境影响企业绩效的第二种方式进行研究。本书非常赞同赵锡斌教授的"企业与环境相互影响论"的观点。其核心观点认为环境影响企业,企业影响环境、操纵环境。所以,本书从企业新环境供给这个视角研究企业环境管理与企业绩效的问题。即:(企业环境—企业对环境的管理—新环境供给—企业绩效)这个路径进行研究。这也是本书选题的重要原因(见图 1-2)。

一般来说,企业环境管理可分为企业内部环境管理和企业外部环境管理。企业内部环境管理包括企业内部各部门以及各员工之间关系

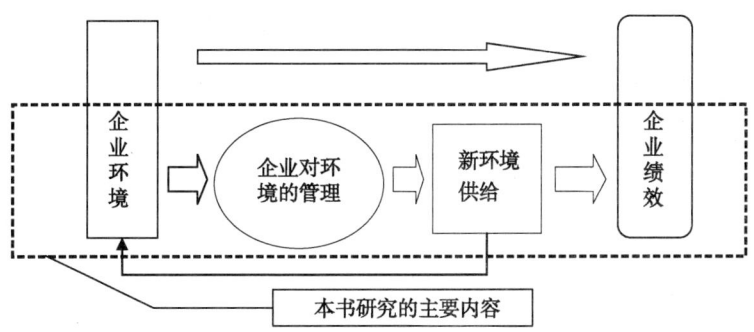

图 1-2 本书的研究思路

的协调和协作等。例如企业的财务、研发、采购、生产、销售、广告等部门间密切配合、协调，是企业内部环境管理的主体。企业内部环境管理的目的在于创造优良的企业精神和统一的企业价值观，同时注重员工个性的培养，激发员工的创新精神和创新动力；积极营造以人为本和谐的企业文化，为员工提供充分实现自我价值的平台等。通过企业内部的环境管理，可以提高企业及员工的整体素质，增强员工间的凝聚力和企业竞争力，营造出更加和谐与积极向上的企业内部环境。

企业外部环境管理包括企业对外部各个社会组织关系的协作和竞争关系的管理等。企业外部环境管理一般包括对经济、技术、政治、法律、社会和文化等因素的管理。企业的外部环境本身是客观存在的，对每一个企业都会产生影响。鉴于此，企业对外部环境的管理需要企业的管理者收集、加工、整理、协调这些外部环境因素对企业产生影响的信息数据，加以有效的分析研究，进而根据企业对环境的需求及企业自身任务、目标、战略和政策等因素，做出各项适合企业发展的管理决策。

对于企业绩效方面的研究，本书着重于绩效评价方面。中华人民共和国财政部统计评价司认为，企业绩效是指在一定经营期间的企业经营效益和经营者业绩。企业经营效益水平主要表现在盈利能力、资产运营水平、偿债能力和后续发展能力等方面。经营者业绩主要通过经营者在经营管理企业的过程中对企业经营、成长、发展所取得的成果和所作出的贡献来体现。① 对于企业绩效评价，财政部统计评价司将其定义为：绩效评价是指运用数理统计和运筹学方法，采用特定的指标体系，对照统一的评价标准，按照一定的程序，通过定量定性对比分析，对企业一定经营期间的经营效益和经营业绩，做出客观、公正和准确的综合判断。② 鉴于此，对从企业环境供给视角研究企业环境管理对企业绩效的影响，我们做大致上的评估。

第四节　主要研究方法与技术路线

一　本书的主要研究方法

本书主要是从企业环境供给的研究视角对企业环境管理与企业绩效关系进行了一个探索性的研究，主要采用的研究方法有文献研究、实证研究与访谈研究等，此外还涉及方差分析、相关性分析、结构方程统计分析等统计方法的应用。本书研究的具体方法和数据来源主要有：

1. 文献研究

企业环境管理与企业绩效关系的研究涉及诸多学科领域。例如，管理学、经济学、环境工程学等，这些学科的一些最新研究成果都为企业环境管理与企业绩效影响关系问题的研究作出了重要的理论与实证上的铺垫。本书首先在通过对以往国内外文献研究的基础上，归纳和总结企业环境管理（包括企业环境各个子环境管理）与企业绩效关系的相关研究成果，尤其是企业环境管理理论的相关研究成果，提出了从企业环境供给视角研究企业环境管理与企业绩效关系的理论模型及相关假设。因此，本书力图将前人的相关文献及理论贯穿起来，形成企业环境管理与企业绩效关联性的研究思路。

---

① 财政部统计评价司：《企业绩效评价问答》，经济科学出版社1999年版，第2页。

② 同上书，第3页。

2. 实证研究

从实践上来说，企业环境管理与企业绩效关系研究的提出也并非偶然，这也是现今大多数企业在市场竞争环境中所逐渐意识到的必须面对的问题所在。但是如今的大多数相关研究仍主要集中在研究单个企业环境子环境管理对企业绩效的影响，而对大多数企业而言，企业环境是一个综合体，是否能从整体的角度考虑企业环境管理对绩效的影响问题则成为当今应当研究的一个重点和难点。因此，本书在研究了国内外相关理论与文献的基础上，从企业环境供给的视角通过大量问卷调研、企业高层访谈以及统计分析的方法，对我国企业环境管理的有效性及企业环境管理与企业绩效的关联性等问题进行了实证研究。

3. 实地访谈分析

本书通过比较研究了我国不同类型企业的不同企业环境管理策略，通过不同类型企业的企业环境管理策略的差异，验证了我国企业在经营活动对企业环境管理对企业绩效所产生的重要作用，这也将有助于认识企业环境管理与企业绩效关系的一般规律。

结合问卷的研究结果，再通过实地访谈的形式分别以江铃、武重、江麓容大、山河智能等多家不同性质的企业为访谈对象。通过对这几家企业在经营活动中的企业环境管理策略和企业绩效关系的典型事例的分析，比较研究了它们之间在企业环境管理策略上的不同特点，从而进一步印证了本书所提出的观点。结合实证部分的相关观点，总结出符合我国企业实际的企业环境管理策略和具体操作方法。

4. 统计分析

本书主要是运用文献研究的方法构建了企业环境管理与企业绩效关系的研究框架，通过充分运用内容分析法、相关性分析法及结构方程分析法等统计方法，找出研究框架中各变量之间的因果或相关性联系，力求更多地用实际数据来分析其中的内在规律性，使得理论分析和描述建立在对可靠实际数据进行统计分析的基础之上。

尽管研究我国企业环境管理与企业绩效难度高，来自企业中的统计分析数据和资料不是十分丰富，但是这方面的研究仍是非常必要的。因此，本书在实地调研、访谈与专家评价的基础上，运用SPSS17.0、AMOS17.0等分析软件对我国企业的企业环境管理的有效性以及我国企业的企业环境管理与企业绩效关系的这份调查问卷进行数据处理与分析，并验证相关的假设和模型，归纳出普遍性的规律。

二 本书研究的主要技术路线

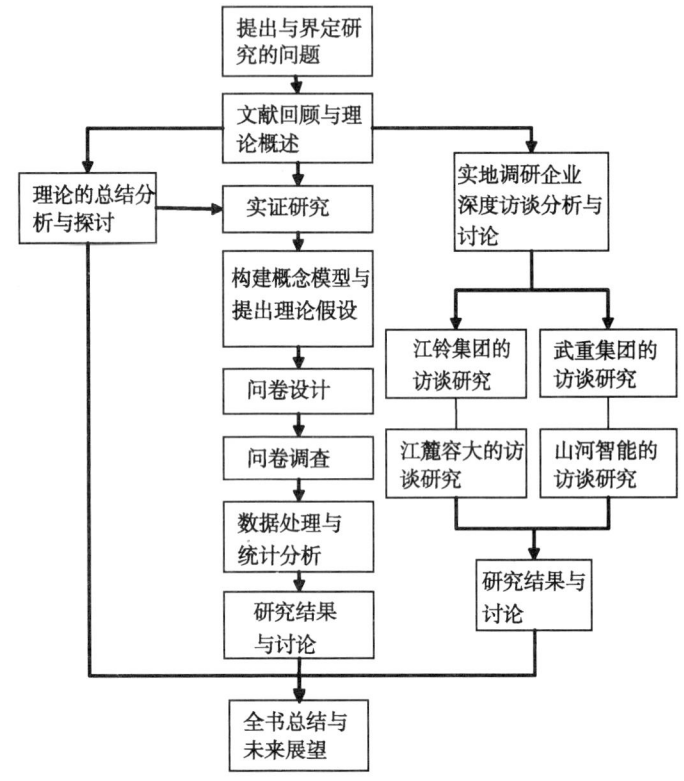

图1-3 研究流程图

三 本书的研究结构

本书的基本研究框架是从企业环境供给的视角围绕企业环境管理与企业绩效关系的主题逐渐展开并深化讨论与分析的。按照图1-2所示的技术路线图，将本书的内容安排和逻辑结构归纳为图1-3。本书主要分为四大部分共八章，第一部分即问题的提出部分，它包括第一章绪论和第二章相关理论与文献综述；第二部分即问题的分析部分，主要包括本书的第三章企业环境管理与企业绩效相互关系的理论模型构建和第四章理论模型假设的提出，主要针对企业环境管理策略和企业绩效进行相关的理论分析，并从企业环境供给的视角构建了企业环境管理与企业绩效关系的理论模型构建，在第四章中又对理论模型进行了相关假设的提出；第三部分为问题的研究部分，它包括本书的第五章实证分析、第六章实证结果分析与讨论、第七章深度访谈分析与讨论，主要从企业环境供给的视角围绕我国企业环境管理策略对企业绩效影响的关联性问题进行了典型企业的深度访谈分析与讨论，进而对实证研究所得的数据进行进一步的讨论与分析；第四部分即本书的第八章主要研究结论、建议和未来研究展望，主要是在前述分析的基础上提出最终的研究结论和建议及对未来研究方向的一个进一步展望。本书的各章节的内容安排如下：

第一章，绪论。主要介绍本书所要研究问题的提出、问题的背景、问题的理论意义与现实意义，以及研究问题的方法、技术路线、结构框架和可能创新之处。为本书的进一步研究指出了基本的思路与方向。

第二章，相关理论与文献综述。在这一章节中首先对企业环境相关理论进行了一个简单的阐述与回顾，包括权变理论、新制度理论、种群生态理论、资源依赖理论、战略选择理论、交易成本理论、商业生态系统理论等，并就这些理论进行了一个不同理论学派的比较，得到了本书研究的理论依据，并将其作为本书的理论研究基础。其次，对国内外企业环境管理与企业绩效关系的文献，包括企业环境子环境的管理策略或方法对企业绩效产生影响的相关文献进行了一个梳理。最后，归纳总结企业环境管理对企业绩效影响的相关研究成果，以及研究方法等方面的研究现状并对其做了相关研究述评。

第三章，企业环境管理与企业绩效相互关系的理论模型构建。本章中分析界定了企业环境的相关概念，分析了宏观环境子环境、市场环境子环境、企业内部环境子环境、企业绩效及从企业环境供给视角下的一些重要的要素的内涵及研究维度，并在企业环境供给的视角下把企业环境管理与企业绩效关系进行了概念模型构建。在企业环境供给的视角下，本书把企业环境供给与企业绩效的关系作为了概念模型构建的基础，从三维的角度考虑环境供给对企业绩效的影响。把企业环境供给划分为供给速度、深度和广度这三个维度，并以前两章的理论和文献研究为依托，提出了本书的概念模型。

第四章，理论模型假设的提出。在理论推导的基础上，对前一章节所构建的理论模型进行了理论假设的提出。其中对所构建的企业环境管理与绩效关系的理论模型提出了以下几个基本假设，包括企业环境供给假设与企业绩效基本假设、市场环境管理与企业环境供给的基本假设、企业内部环境管理与企业环境供给的基本假设、宏观环境管理与企业环境供给的基本假设。

第五章，实证分析。在本章中将通过对全国不同地区的不同行业和类型企业进行的调研和填写问卷（实地调研的主要企业集中在湖北、江西、湖南等省）。通过实地调研和问卷的填写收集一手数据，利用常用的实证分析方法及 SPSS17.0 和 AMOS17.0 等分析软件对前面所提出的理论假设进行检验。实证分析与研究部分主要分为五小块来具体论述。首先，详细介绍了有关问卷设计、调研企业样本的选取、调研企业的基本信息与数据收集的相关基本情况。其次，研究方法的确定，以机构方程模型作为研究的主要方法；再次，对问卷中所收集到的数据进行初步的数据分析，包括数据的描述性分析、变量的度量、模型信度与内容效度的检验分析、模型的拟合度检验等；最后一部分为本章小结，对实证分析研究做一个综合的相关总结。

第六章，实证结果分析与讨论。本章主要对上一章中实证分析的结果进行一个系统化的分析与讨论，比较已有的一些研究成果，明确有关假设在理论上的贡献及实践上的意义。

第七章，深度访谈分析与讨论。本章主要通过对江铃汽车集团、武汉重型机床厂、江麓容大和山河智能有限公司等企业的实地调研访谈，分析和研究这些企业在发展与成长过程中的企业环境管理行为或策略对企业绩效影响问题。通过这些企业在发展经营过程中的实际案例，结合前面章节中的实证研究结果，来说明从企业环境供给视角下的企业环境管理行为或策略对企业绩效所带来的相关性影响。

第八章，主要研究结论、建议和未来研究展望，主要是对全书进行总结，提出本书的研究结论和相关建议以及今后进一步研究的方向，并简述了本书的研究缺陷以及后续研究工作的方向和建议。

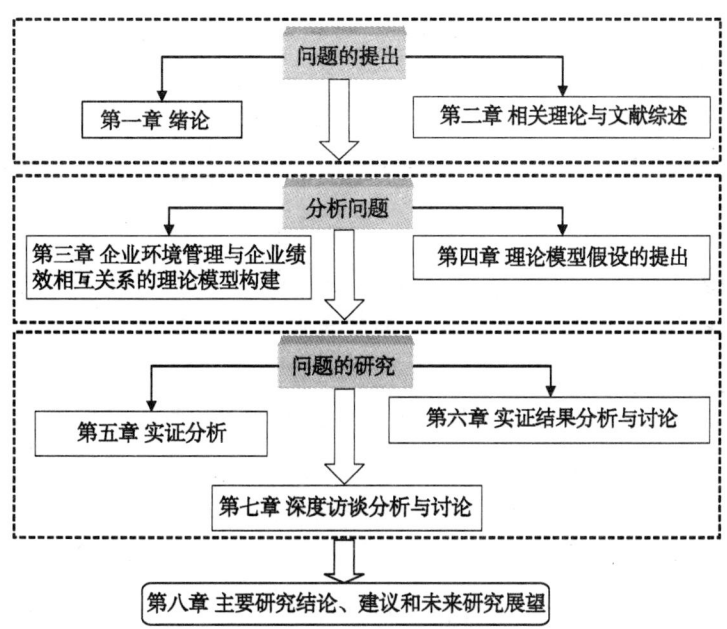

图1-4 内容安排和逻辑结构归纳

第五节 本章小结

本章是本书的绪论部分，介绍了研究问题的背景、研究的对象、研究理论意义与实践意义，以及研究方法的选取、研究流程的安排、研究结构的确定和本书的创新点。

第二章

相关理论与文献综述

首先,在这一章中首先对企业环境的相关理论,包括权变理论、种群生态理论、资源依赖理论、商业生态系统理论等作了一个简要的概述,并就这些理论进行了一个不同理论学派的比较以确定本书的理论研究基础。其次,对国内外对企业环境管理与企业绩效关系的文献,包括对企业环境子环境的管理策略或方法对企业绩效产生影响的相关文献进行了一个梳理与述评。最后,归纳总结企业环境管理策略对企业绩效影响的一些相关研究成果及不足,以及研究方法等方面的研究现状,为本书展开实证研究奠定理论基础。

第一节 企业环境相关理论概述

一 权变理论

权变理论(Contingency Theory)萌芽于20世纪60年代,至20世纪70年代发展为一个比较成熟的管理学派。权变理论的创始人是美国的莫斯和洛希(J. J. Morse & J. W. Lorsh),他们于1974年出版的《组织及其成员:权变方法》,[①] 研究了环境与组织结构的具体特点,并指出对组织活动最为有效的影响是它们之间的依存关系。另一

[①] Lorsh, J. W., Morse, J. J., *Organizations and their Members: A Contingency Approach*, New York: Harper & Row, 1974.

个权变理论的主要代表人物是弗雷德·卢桑斯（Fred Luthans），他所著的《管理导论：一种权变学说》一书，将各种管理理论统一在了权变理论的框架之下。权变理论的兴起有着其深刻的历史背景，20世纪70年代的美国，社会不安、经济动荡和政治骚动达到了空前的程度，石油危机对西方社会产生了深远的影响，企业在这个时期所处的环境很不稳定。但以往的管理理论，如科学管理理论、行为科学理论等，都主要侧重于研究如何加强企业内部组织的管理，而且以往的管理理论大多都在追求普遍适用的、最合理的模式与原则，这些管理理论在解决企业所面临瞬息万变的外部环境时已经无能为力。正是在这种情况下，人们不再相信管理会有一种最好的固定模式，必须因地制宜地处理管理问题，由此形成一种管理取决于企业所处环境状态的理论，即权变理论。

权变基本的含义是"因地制宜"或"随机应变"。权变理论认为，在对企业的管理中要根据企业所处的内外环境因素随机应变，没有什么管理模式是一成不变、普遍适用的"最好的"。该学派是从系统观点来考察管理问题，它的理论核心就是通过组织的各子系统内部和各子系统之间的相互联系，以及组织和它所处的环境之间的联系，来确定各种变化的关系类型和结构类型。它强调在对企业的管理中要根据组织所处的内外部环境要素随机应变，针对不同的具体环境因素寻找最合适的管理模式。其代表人物有弗雷德·卢桑斯（Fred Luthans）和弗雷德·费德勒（Fred E. Fiedler）等人。弗雷德·卢桑斯1973年发表的《权变管理理论：走出丛林的道路》和1976年出版的《管理导论：一种权变学说》都比较全面系统地介绍了权变理论。弗雷德·费德勒提出的"权变领导理论"使组织领导学从以往的形态学转向动态学。[①]

权变理论为人们分析与处理各种企业管理问题提供了一种十分有效的方法。它将组织看作一个开放的系统，强调组织与内外部环境之间及各个子系统之间的统一，要求企业管理者根据自身企业的

---

① 郭咸刚：《西方管理思想史》，经济管理出版社2000年版，第69页。

具体特点，以及企业现在所面临的内外部环境，采取相应的组织结构、领导方式和管理方法，灵活地处理各项具体的管理事务；企业与环境之间的和谐，能够提高员工的满意度，使管理者把精力转移到对现实环境的研究上来，并根据对于具体环境要素的具体分析，提出相应的管理对策，从而使企业的管理活动更加符合现实状况、更加有效。所以，管理理论中的权变或随机制宜的观点无疑是应当肯定的。同时，权变学派首先提出管理的动态性观点，人们开始意识到企业管理的职能并不是一成不变的，以往人们对管理的行为的认识大都从静态的角度来认识，权变理论学派则使人们对管理的动态性有了新的认识。权变理论强调经验研究的重要性，要求通过实地研究与考察，发现不同组织的共同性和特殊性，并力求将经验研究的结果落实到具体的企业环境管理当中，以提高企业的管理效率。

二 种群生态理论

种群生态学是生物学中的一个分支，它是达尔文生物进化论中的一部分，强调了自然环境在对物种的产生、繁衍、消亡中所起到的重要影响，该学派的一个基本理念是：物竞天择，适者生存，并最早把这个理念运用到企业或组织的研究中。创立了企业或组织研究中的种群生态理论的是20世纪70年代的学者汉南（Hannan）和弗里曼（Freeman）。学者邱泽奇（1999）评价说："从组织研究的发展进程来看，种群生态学理论的出现在理论上可以被看作对组织中心主义（即强调决策分析）的回应，对组织作为一个群体的强调凸显了一些过去被组织理论家们忽略的问题。"[1]

在当今这种激烈的市场竞争环境中，不少持种群生态（population ecology）理论观的学者认为企业界也和自然界一样存在着非常类似自然界中生物群落变化的系统或机理。受到豪雷（Hawley,

---

[1] 邱泽奇：《在工厂化和网络化的背后——组织理论的发展与困境》，《社会学研究》1999年第4期。

1950）和坎佩尔（Campell，1969）的影响，Hannan 和 Freeman（1977）在70年代创立了组织研究中的种群生态学理论。种群生态理论认为企业或组织之间的竞争也和动物种群类似的表现为种群内竞争或种群间为争夺生存与发展环境的竞争，企业或组织也和生物体一样通过自身的新陈代谢（即原料到产品的生存转换过程）、企业间群集与相互整合来适应与控制企业所处内外部环境的变化，实现自我的生存与发展。对于种群生态（population ecology）理论的研究，国内外很多不同专业的学者各自从自身所研究的领域出发，从不同的视角对如何把种群生态理论应用到企业的组织领域中这一问题进行了多方面的深入研究，诸多学者在包括研究的对象，主要解决哪种类型的问题等种群生态理论的基础理论层面做了一系列研究和探讨。也有很多学者在把理论如何应用于实践指导企业在市场环境中的良性发展方面做了不少研究，也得到了很多令人鼓舞的成果。例如，把社会上存在的各种类型的企业竞争、合作、发展、生命周期等与种群生态理论中的物种、种群、生态的变化规律等作对应的联系和比较分析研究等。

在企业与环境关系的研究中，有着很多的关于企业与环境关系的不同理论解释，在这些不同的理论学派中又以资源依赖理论、种群生态理论和新制度主义理论最流行。学者汉南和弗里曼（1983）[1]在其发表的论文中就用种群生态理论的观点阐述了新公司数量与企业多样性之间的关系。他们认为在复杂多变的环境中，企业也经过环境的选择和保留，一些企业生存下来并得到发展，另一些企业则消亡了。按照他们的观点，一个企业或组织的种群是那些依赖相同的物质和社会环境、依赖共同资源的企业或组织的集合，即指进行相类似活动的一系列企业，它们在经营中利用资源的方式类似，其经营结果也类似。企业种群能否适应环境，在多变的环境中生存下来主要取决于环境对企业形式的选择。同一种群内的企业为了类似的资源或相近的顾客展

---

[1] Hannan, Michael T., John Henry Freeman, *Nichewidth and the Dynamics of Organizational Populations*, American Sociological Review, 1983, p.235.

开竞争。① 罗珉（2003）② 在其论文中认为，种群生态学理论是企业组织理论的新发展，为企业的组织理论的发展作出了贡献，并探讨了企业组织种群产生、发展及消亡过程与环境变化的关系。他认为种群生态学的观点不同于其他企业组织理论，因为它强调组织的多样性和在组织种群内的适应性。种群生态理论的分析对象不是单个的企业，而是企业组织种群。学者道格拉斯（Douglas R. Wholey）和苏珊（Susan M. Sanchez）（1991）③ 认为种群生态理论对研究产业中企业数量、进入、退出活动的机制问题提供了一个非常好的研究框架，并应用种群生态理论对健康医疗产业的企业组织变化做了实证分析和研究。说明了种群生态理论能够有效的解释市场环境或市场结构等因素的变化对企业进入或退出所造成的直接或间接的影响。

种群生态理论的基本观点是，企业或组织对外部环境变化的适应性决定了组织的存亡。它强调了企业或组织在对环境适应过程中的三个阶段：变异、选择、存留（Campell，1969）。变异（variation），指企业或组织的创新，即所在的种群中不断出现新型组织的过程，也可以称作组织自身的进化过程。组织种群中组织所发生的变异与生物界中的种群中的生物个体发生变异相似，它们增加了环境中组织形式的复杂性；选择（choice），指环境选择适宜的组织。有些变异被证实是更能适应环境的变化，能够从环境中找到自己的位置，并且从环境中获得生产所需的资源。而有些变异则因不能满足环境变化的需要，不能在环境中找到自己的位置，于是就消亡了。在环境的选择中，只有少数变异的组织或企业被环境选中，得以生存下来；存留（retention），指组织的保留或生存。环境很看重被保留下来的企业或组织中的特定部分，这些被保留下来的企业或组织中的特定部分也许会成为

---

① Hannan, Michael T., John Henry Freeman. *Structure Inertia and Organizational Change*, American Sociological Review, 1984, p. 207.

② 罗珉：《组织理论的新发展——种群生态学理论的贡献》，《外国经济与管理》2001年第10期。

③ Douglas R. Wholey, Susan M. Sanchez, *The Effectsof Regulatory Tools on Organizational Populations*, Academy Ofmanagement Review, 1991, 16 (4), pp. 743-767.

环境的主要部分。比如福特所创立的流水线式生产方式就被作为特定的变异而被保存下来，并成为许多企业所争相学习的对象。

在种群生态理论的研究中，应用到企业组织领域的研究主要集中在两个方向。一个方向是研究环境与企业的相互关系机理；另一个主要的研究方向就是在考虑环境对企业影响的同时，研究企业群落间的关系。在我们的自然界中，不同的生物种群（population）之间在自然环境的长期选择中形成了非常复杂的生物链网络。使得各个生物种群之间形成了一种环环相扣、缺一不可的相互依存、共同发展的关系。对比而言之，在我们现今的企业界中，也有着非常相似的发展关系，我们是否把企业界的种群关系与自然界的种群关系做一个对比的研究，通过经济学、管理学和自然科学等理论更深入地对我们企业界所存在的这种在一定环境范围内所形成的企业种群或群落关系加以研究。建立起直观的数学模型和分析图表，在实证分析的基础上，能够对企业或企业的战略群组等现实情况做出解释和对未来的发展形势做出预测，这也将是种群生态理论应用到企业组织领域的研究的未来发展方向。

从理论上来说，种群生态理论的提出有两个重要的意义。首先，种群生态理论强调了环境对企业的选择作用。其次，种群生态理论强调了企业作为其群体的一部分，并凸显了一些过去被企业组织理论家们忽略的问题。如组织的变迁，种群理论强调的就是企业本身的适应和变迁，而不是企业替代其的变迁和结果。这些都是种群生态理论学家们所着重研究的问题。虽然种群生态理论在组织理论中取得了巨大的成功，但是对于它的局限性也经常被很多学者所提起，如学者Young 认为，[1] 种群生态学的概念定义不清晰，测量方法不准确，理论结构不严谨等。但相对其他理论学派而言，种群生态学是一个真正的学术理论，它虽然并不重视在理论、实践或实际操作中的应用，但其独特的企业研究视角对我们认识企业与环境的关系仍有相当大的

---

[1] Young Ruth C., *Is Population Ecology a Useful Paradigm for the Study of Organization? American Journal of Sociology*, Volume 94 Number 1 (July), 1988, pp. 1 – 24.

启发。

三 资源依赖理论

企业与环境关系问题一直受到很多学者的关注，其重要原因是企业本身作为一个开放的系统，不仅表现在与外部环境中的各要素间信息、物质的交换上，更重要的是这种交换关系是企业变革与发展的关键因素。不同学者也从各自领域出发对此做出了许多不同的解释，发展出企业组织理论的不同理论学派。其中，资源依赖理论就是企业组织理论发展过程中的重要理论代表之一。

早在20世纪40年代左右，资源依赖理论便开始发展，到70年代资源依赖理论发展到繁荣期，在这个时期以后其许多观点都被用于企业与环境关系研究当中。其中，塞尔兹尼克（Selznick）在1949年对田纳西流域当局的研究中发现企业间关系分析的一个主要争论来源就是"共同抉择"涉及的企业之间权力的相对平衡，[1] 他的这一经典研究与发现为资源依赖理论的发展提供了坚实基础。又如，1958年，汤普森（Thompson）和麦克埃文（McEwen）确立了企业间合作关系的三种类型，即联盟（包括像合资企业这样的联盟），商议（包括合同的谈判）和共同抉择（吸收潜在的干扰性因素进入一个企业的决策机构中）。[2] 再有，1967年，Thompson提出了企业的权力依赖模式。在这个模式中汤普森借鉴了有关任务环境的一些概念，并认为一个企业或组织对另一个企业或组织的依赖程度与另一个企业或组织给这个企业或组织所提供支持能力的比例呈正相关，而与其他可替代企业或组织所提供支持的能力呈负相关。[3] 还有就是扎尔德（Zald）[4] 在1970年写的一篇非常有代表性的论文中，首次把"政治经济"的视

---

[1] Selznick, P., TVA and the Grass Roots: A Study in the Sociology of Formal Organization, Berkeley, *University of California Press*, 1949.

[2] Thompson, J. Dand McEwen, W. J, Organizationalgoals and Environment: Goal-setting as an Interaction Process, *American Sociological Review*, 23, 1958, pp. 23–31.

[3] Thompson, J. D., Organizations in action, New York, *McGraw-Hill*, 1967.

[4] Zald, M. N., ed., Power and Organizations, Nashville, *Vanderbilt University Press*, 1970.

角引入对企业变革方向和变迁过程的解释中。他认为企业自身可以通过很多正式或非正式的方法来彼此影响。比如企业间的正式或非正式纵向与横向联盟，包括合并、合资、价格垄断等。

追溯资源依赖理论的真正发展要从20世纪70年代，费佛尔（Pfeffer）和萨兰奇科（Salancik）① 从1978年写的一部著作 *The External Control of Organizations: A Resource Dependence Perspective* 开始，它标志着资源依赖理论其理论地位的奠定。所以可以说Pfeffer和Salancik是资源依赖理论的集大成者。他们通过研究首先提出了资源依赖理论的四个重要假设，即：第一，一切企业以企业的生存为基本目标；第二，企业的发展需要与之相适应的资源作为支持，而资源不能通过企业自身提供；第三，为了获取企业生存所需要的资源，企业必须从其以外的环境中去获取，因而与企业生存所依赖的外部环境发生互动关系，同时外部环境中也包含其他组织的存在；第四，所有企业的生存与发展都应建立在企业必须控制或协调其自身所处外部环境中的其他企业互动关系的基础上。因为他们发现企业所需要的资源（包括人员、资金、社会合法性、顾客，以及技术和物资投入等）需要从企业所依赖的环境要素中来获得，而这些环境要素往往能够对企业的发展提出适应性的要求，并且企业已经在为满足这些适应性要求而努力了。另外，他们还发现企业与企业间的依赖程度和三个因素显著相关：资源、资源的使用程度和可替代资源的存在程度。

20世纪80年代后，资源依赖理论得到进一步的发展，在前人研究的基础上，伯特（Burt）1983年在其发表的一篇文章中为了解释共同抉择和企业绩效的问题，运用资源依赖理论的观点提出了一种叫做"结构自主性"模式。② 这种模式认为在环境中占据相对稀疏位置的企业会受到在环境中占据相对拥挤位置企业的青睐，因而占据环境相对稀疏位置的企业将会受益，变得有利可图，即具有较高结构自主性

---

① Pfeffer, J. and Salancik, G., The External Control of Organizations: A Resource Dependence Perspective, *New York*, *Harperand Row*, 1978.

② Burt, R. S., Corporate Profits and Cooptation: Networksof Market Constraints and Directorate Ties, New York, In the American Economy, *Academic Press*, 1983.

的企业比具有结构自主性较低的企业更能获取利润。而较低结构自主性的企业将会受到较高结构自主性企业的发展限制，影响企业的发展。通过研究他们还发现，正如他们在文章中所提出的理论假设，拥有较高结构自主性的企业将会与限制他们发展的较低结构自主性的企业形成共同抉择的关系。

在一项研究企业会以何种方式处理与其他企业的资源依赖关系的问题上，贝克尔（Baker）[①]在1990年写的一篇文章中做了详细的探讨。贝克尔通过对企业与其投资商或投资银行关系问题的研究发现，企业在资本和市场信息上对投资商或投资银行有高度依赖时，企业或将保持长期与这些投资商或投资银行的关系。当这种依赖程度较低时，企业与投资商或投资银行的关系将是短暂式的或插曲式的。在这种资源依赖理论的独特视角下，贝克尔的这项研究显示了企业通过主动处理与那些控制着其外部重要资源的企业间关系的方式保持企业的环境适应能力，而这实际上就超越了关于依赖和共同抉择问题的早期研究，为资源依赖理论的发展做出了重大的贡献。

首先，资源依赖理论认为，对于一个开放的企业而言，需要从外部环境中获取关乎企业生存与发展的关键性资源；没有企业能够在自给自足的环境中生存与发展。企业与外部环境之间的资源交换被看成是企业与环境间互动关系的核心内容，这种企业与环境间的交换包括原材料的获取、资金及人力资源的取得、信息的交流、社会和政府的支持等。

其次，资源依赖理论的另一个重要观点认为，企业生存和发展的关键是获取资源和维持资源长期持有的能力。而在这一个重要的观点中，权力及权力的最大化被认为是该理论的一个核心内容。该理论认为企业获取资源与维持资源长期持有的能力很大程度上决定于企业对外部环境的控制能力与适应能力。企业自身的许多内部环境要素的确定，如企业的组织结构类型、各个部门及功能的划分等都在很大程度

---

① Baker, W. E., Market Networks and Corporate Behavior, *American Journal of Sociology*, 96, 1990, pp. 589 – 625.

上受到了外部环境的制约与影响。所以，企业本身就需要不断地改变自身的一些行为及结构类型与模式来维持企业对于外部资源获取的长期性，并努力使企业降低对此种资源的长期依赖性。通过降低企业对外部资源的依赖程度，以及提高其他企业对于本企业所具有资源的依赖程度，使企业所具有的权力最大化。企业权力的最大化也即成为衡量企业成功的标准之一。也正因为此，明茨伯格（Mintzberg）[①] 在对战略十大学派的划分中将它归入权力学派，作为宏观权力战略的代表性思想之一。此外，对于权力的问题，资源依赖理论还通过企业对环境的依赖程度解释了企业内部的权力划分问题。就如佩里（Perrow，1972）所指出的那样，"企业是一个拥有巨大权力和能量的社会个体，因此，重要的问题在于是谁控制了这些权力和能量，以及将权力和能量用于何种目的"。[②] 从资源依赖理论的解释来看，所持有权力的多少和帮助企业在外部环境中获取资源的数量呈正相关，即解决了企业内部组织权力分配的问题。当然在该项企业内部组织权力的分配过程中，有以下几个关键因素必须考虑：（1）该项资源对企业的重要程度；（2）该项资源的可替代性；（3）该资源的利用程度和利用绩效。只有在考虑了以上这些因素的情况下，我们才可以说对于资源的拥有者或控制者只有在企业内部的组织分配中才能获得更多的权力。

最后，资源依赖学派的观点是面对环境给企业带来的约束，企业也可以通过采取主动的方式来对制约企业生存与发展的不利环境进行有效的管理和控制，使这种不利环境因素对企业所造成的影响减到最低，这也是资源依赖学派不同于其他学派的最大理论贡献之一。该理论认为，企业可以通过并购、多元化等自我变革的方式来改善企业与外部环境的依赖关系，也可以通过对法律、政治行动和改变对合法性的定义来创造企业所需要的环境等，并改善环境对企业的制约程度。

对于资源依赖学派的理论贡献，其最大的一个贡献是结束了一般把环境看作对企业的制约性因素的观点，而资源依赖学派的兴起

[①] 亨利·明茨伯格等：《战略历程：纵览战略管理学派》，机械工业出版社2001年版。
[②] Perrow. C., *Complex Organizations: A Critical Essay. Glenview, Ill.: Scott*, Foresman, 1972.

则将环境视为帮助性的这一重大转变。① 它是第一个系统、全面地研究企业对环境关系管理的学派，它认为企业"有能力改变环境和对关键环境要素做出反应。管理者要像管理企业一样管理环境，而且管理环境的重要性不小于管理企业的重要性"。② 同时，资源依赖学派系统全面地阐述了帮助管理者改变或适应多变环境的战略，为企业的管理者提供了应对变化和管理多变环境的操作指南。资源依赖学派的另一贡献在于论述了企业外部环境的依赖性对企业内部权力分配的影响，企业中控制外部关键环境要素的部门和参与者比其他部门和参与者更有权力，在环境的发展变化过程中，企业中的一些部门在管理变化中变得越来越重要，企业内的权力分配越来越向这些部门倾斜，那些对企业生存更重要的部门的权力越来越大，而其他部门会失去权力。③

资源依赖理论的重要贡献还在于揭示了企业与环境的依赖关系，使人们看到了企业运用各种方法与策略对自身进行变革，以求适应环境变化的需求，为我们当今的企业的外部环境资源利用与管理提供了理论依据④，虽然该学派在企业组织理论的发展和企业的实践中都有着非常巨大的贡献，但是我们也应该清楚的看到资源依赖理论自身存在的不足，尤其在将该理论用于实证研究时，企业依赖性和不确定性难以测量等问题，一直是困扰着该理论发展的重要因素之一。

四 商业生态系统理论

1993年，詹姆斯·弗·穆尔在美国夏威夷岛旅游观光时，夏威夷群岛独有的生态系统、自然风光激发了他的灵感，之后，他开始尝试以生态学的观点和方法来研究企业组织和公司战略。接着他在《哈佛

---

① 马尔科姆·沃纳：《管理大师手册》，辽宁教育出版社2000年版。
② Aldrich, H., & Pfeffer, J., *Environments of Organizations in A. Inkeles*, J. Coleman and N. Smelser (eds) Annual Revierw of Sociology 2, Palo Alto, CA: Annual Review Inc, 1976, p.93.
③ 费显政：《企业与环境互动关系研究》，武汉大学 博士学位论文，2005年，第30页。
④ 马迎贤：《资源依赖理论的发展和贡献评析》，《甘肃社会科学》2005年第1期。

商业评论》上发表了 *Predators and Prey: A New Ecology of Competition* 一文，在该文中，穆尔第一次提出了"商业生态系统"这一名词，并且，穆尔还提议用"商业生态系统"这一名词替代"行业"这一名词，他认为"商业生态系统这一名词为凝聚创新理念的共同进化的微观经济划分了界限"。[1]

1996 年，詹姆斯·弗·穆尔又接着发表了《竞争的衰亡——商业生态系统时代的领导与战略》一书，在该书中比较详细地阐述了商业生态系统的发展过程和每个阶段的工作任务，也详细地阐述了商业生态理论，作者运用生态学理论来解释企业的商业活动，用系统论的观点反思竞争的含义，力求"共同进化为目标"。[2]

2006 年，詹姆斯·弗·穆尔发表了 *Business ecosystems and the view from the firm* 一文，在该文中，穆尔将商业生态系统与反垄断法联系起来，更加的注重于商业生态系统的可实施性和可控制性，依据各种法规来控制商业生态系统，使得商业生态系统的概念和思想更具现实意义。[3] 此外，哈佛商学院的 Marco Lansiti 教授、国家经济研究协会的 Roy–Levien 和美国 Nerve Wire 公司的 Gossain Sanjiv 等学者都对商业生态系统做了进一步的研究，而且成果显著。

我国学者也从不同的角度对商业生态系统发表了自己的观点，如张延林（2003）以企业战略管理理论发展为起点，从企业的价值链的角度对商业生态系统进行分析。[4] 潘军（2004）提出运用集成化发展模式来保持生态系统的良性发展。[5] 梁运文、谭力文（2005）认为成功的商业生态系统必须构建价值结构模型，同时结合价值结构模型定义了与企业角色相匹配的战略任务，这对于处在商业生态系统中的

---

[1] James F. Moore, Predators and prey: *A New Ecology of Competition*, Harvard Business Review, 1933, p. 7.

[2] James F. Moore, *The Death of Competition: Leadership and Strategy in the Age of Business Ecosystems*, NewYork, Harper Business, 1966.

[3] James F. Moore, *Business Ecosystems and the View From the Firm*, The Antitrust Bulletin, Vol. 51, No. 1, 2006.

[4] 张延林：《论商业生态系统竞争战略》，广东工业大学，2003 年。

[5] 潘军：《一种新的视角：商业生态系统》，《生态经济》2004 年第 1 期。

企业具有现实的指导意义。① 聂永有（2007）认为商业生态系统是指商业活动的主体以及各要素的存续状态②。

总的说，现今大多学者都集中在对商业生态系统的发展研究上，而且也有了些理论上的成果，但是由于商业生态系统的复杂性和不可预见性，至今也没有以量化的、模型化的方式来研究商业生态系统。

詹姆斯·弗·穆尔1996年在著作《竞争的衰亡——商业生态系统时代的领导与战略》中提出了商业生态系统的概念："商业生态系统是以组织和个人的相互作用为基础的经济联合体。这种经济联合体生产对消费者有价值的产品和服务。该有机体包括消费者、供应商、主要生产者、竞争者和其他风险承担者等物种。"穆尔还提出了商业生态系统的基本构成（见图2-1），并建议从七个方面思考商业生态系统战略：顾客、市场、产品与服务、商业模式、组织、风险承担者、社会价值和政策。在其著作《竞争的衰亡——商业生态系统时代的领导与战略》一书中，詹姆斯·弗·穆尔还将商业生态系统的生命周期划分为四个阶段：开创、扩展、领导、死亡或更新，并指出在这四个阶段中，每个阶段的管理者都要面临不同的挑战。如表2-1所示：

表2-1　　　　　　　商业生态系统不同发展阶段的挑战③

商业生态系统的发展阶段	综合的领导挑战	合作的挑战	竞争的挑战
开创	价值	与顾客和供应商一道确定新的有价值的建议和范式，更有效地利用它	保护你的思想，以免其他人复制出相似的产品
扩展	核心团体	与供应商和合作伙伴一起增加供给，为巨大的市场提供新产品，取得最大的市场覆盖率和核心团体	击败相似观念的不同补充，通过支配关键的市场份额，确保你的方法是同级别的市场标准，紧密联系至关重要的顾客、关键的供应商和重要的渠道

---

① 梁运文、谭力文：《商业生态系统价值结构、企业角色与战略选择》，《南开管理评论》2005年第1期。
② 聂永有、费金玲：《产业生态系统演化的动力机制研究》，《产业研究》2007年第3期。
③ 詹姆斯·弗·穆尔：《竞争的衰亡——商业生态系统时代的领导与战略》，北京出版社1999年版，第69—70页。

续表

商业生态系统的发展阶段	综合的领导挑战	合作的挑战	竞争的挑战
领导	权威	为未来提供竞争的观点,鼓励供应商和顾客一起工作,继续改进产品系列	在包括关键顾客和有价值的供应商的生态系统中,保持强大的获利能力
死亡或自我更新	持续不断的性能改进	同革新者一起工作,为现存的生态系统带来新的观念	保持壁垒森严,防止革新者建立替代的生态系统。保持对顾客的高投入,赢得时间,在你的产品和服务中注入新观念

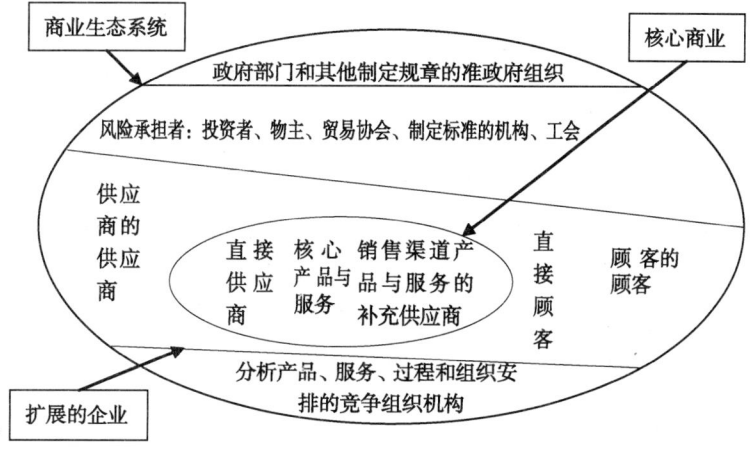

图 2-1　穆尔提出的商业生态系统结构图

资料来源：穆尔：《竞争的衰亡——商业生态系统时代的领导与战略》，北京出版社 1999 年版。

协同进化（Co-evolution），协同进化是从生物学中借鉴到管理学中的一个概念。在生物学中，协同进化是一种物种的性状作为对另一种物种性状的反应而进化，而后一物种的这一性状本身又是作为对前一物种性状的反应而进化。在管理学中，协同进化也是同样的道理，一个企业不可能独自发展，必然受到竞争对手、合作伙伴等的影响，它们共同进化。所以，企业的竞争对手也是企业进化的一个重要的驱动力，他们在相互竞争和合作中不断地发展、进化。我国著名的海尔集团所提出的"与狼共舞"就是对协同进化一种最恰当的表述。

尽管 1996 年詹姆斯·弗·穆尔在商业生态系统的生命周期研究

中提出了开创、扩展、领导三个阶段的战略要点,却并没有涉及如何从产业链跨越到商业生态系统的问题,并且在实践中,企业在构建商业生态系统时就需要考虑领导权的问题,而不是机械地发展到生命周期的"领导阶段"才去考虑。

第二节 企业环境管理与企业绩效相关文献研究

一 国内相关文献的研究

国内近年来关于企业环境管理对企业绩效的影响关系问题也有了比较多的研究,比如国内有学者就通过研究发现,我国政府对于企业的外部环境的影响与供给因素的影响要远大于西方发达国家,尤其以我国的工商业企业最为显著。刘少武(2000)[1]、张文科(2000)[2]、陈天祥(2000)[3]、徐权等(2000)[4]通过研究就发现,我国政府在不同程度与方式上有可能对我国企业的宏观、中观、微观等环境要素的供给带来影响。例如,宏观环境供给上受宏观财政、金融政策和法律法规的影响;中观环境供给上受行业管理政策、项目审批和资格审批、企业等级评审和优惠政策的影响;微观环境供给上的影响有直接的人事干预、贷款支持等。研究认为这些不同层次与不同方式的企业政治环境供给都会对企业的经营绩效产生直接或间接的影响。

吴宝仁等(1999)[5]认为,我国的大小企业无不投入相当的人力、物力、财力来管理或创造有利于企业自身发展需要的企业政治环境供给。有企业家就曾坦言,他们要花30%以上的时间和精力用于与

---

[1] 刘少武:《关于制度安排对经济增长方式与转变作用的思考》,《管理世界》2000年第6期。

[2] 张文科:《对我国产业重组问题的思考》,《管理世界》2000年第2期。

[3] 陈天祥:《中国地方政府制度创新的动因》,《管理世界》2000年第6期。

[4] 徐权、汪涛:《经济转轨期国企兼并模式——政府引导型模式成因探析》,《管理世界》2000年第2期。

[5] 吴宝仁、刘永行:《华西对话》,《中国企业家》1999年第8期。

政府部门打交道，为企业经营发展创造稳定适宜的政治环境供给（中国企业家调查系统，2000①）。

张维迎（2001）②通过研究发现，我国企业试图通过政治活动改变政府决策进而为企业创造良好政治环境供给的行为要远多于西方发达国家的企业。作者在研究中指出，例如，企业获得政府批准上市、体制改革试点等行为用以获得政府特别对待；行业内一部分企业集体上书政府要求政策支持的行为，如汽车行业企业影响地方政府对环境污染标准实施的时间；我国钢铁企业通过长时间努力，使政府出台的"以产顶进"政策的行为；一些企业获得政府基金进行技术改造的行为，等等。

程承坪（2001）③就明确地指出了企业绩效是企业家能力、企业家生产性努力、企业家掌握的资源数量与质量和外部环境因素在多个方面综合作用的结果，并说明外部环境影响的诸多方面都对企业绩效有着重要的作用，怎样对这种综合作用进行有效的管理是提高企业绩效的关键。

朱朝辉、陈劲等（2004）④在其知识资本测量模型的研究中，检验了知识资本的四个维度，即人力资本、结构资本、客户资本和创新资本与企业绩效之间的关系，发现知识资本各个维度均与企业绩效之间存在着显著的高相关性，并提出企业必须从整体的角度来管理和提升知识资本的供给程度的各个要素与维度，即对环境要素之一的知识资本的维度进行有效的管理能提高企业绩效。

李嘉明（2004）⑤把企业的资源环境供给（物质资源、人力资源和结构资源）与企业的绩效之间的关系作为研究的目标，对中国计算

---

① 中国企业家调查系统：《中国企业经营者队伍制度建设的现状与发展》，《管理世界》2000年第4期。

② 张维迎：《企业寻求政府支持的收益、成本分析》，《新西部》2001年第8期。

③ 程承坪：《论企业家人力资本与企业绩效关系》，《中国软学科》2001年第7期。

④ JinChen. ZhaoHui Zhu. Hong Yuan Xie, *Measuring Intellectual Capital*: *A New Model and Empirical Study*, Journal of Intellectual Capital, 2004, 5 (1), pp. 195 – 212.

⑤ 李嘉明、黎富兵：《企业智力资本与企业绩效的实证分析》，《重庆大学学报（自然科学版）》2004年第12期。

机行业中30多家上市企业进行相关性分析和多元回归分析,研究结果表明:企业的结构资源供给对企业绩效有负面的影响,企业的人力资源供给对企业绩效的影响效果不明显,企业的物质资源供给对企业绩效的影响最为显著,而且呈正相关关系。

刘军等(2005)[①]研究了企业竞争环境与企业绩效的关系,提出了一个关于企业竞争环境、价值观型领导行为以及企业绩效三者之间互动的理论模型并进行实证分析。研究表明:激烈的竞争环境会削弱企业内部的企业绩效,但实施价值观型领导,将有助于企业领导扭转不利局面,提升企业绩效,价值观型领导在严酷的竞争环境中适用。

张征宇、贺政楚(2005)[②]从管理外部环境要素的动态性和敌对性两个方面研究其对企业创业精神和企业绩效的影响关系。动态的环境可促使企业推出创新产品、改变行销顾客群进入新的利基(niche)市场,可以创造出新的成长机会以提升企业绩效;亦可使企业以创新的方式对企业进行更新,企业更新后将可强化企业创新与加速决策的过程。敌对或不利环境的特性包括:高度竞争、低利润、庞杂的政府法令与有限的成长机会,不利的环境是一把"双刃剑",一方面,不利的环境可能对企业绩效产生不利的影响;另一方面,企业在面临不利的环境时,也可能通过对企业资源或其他创新的方式的有效管理,如重新定义其商业活动、产品领域、流程再造等来应付或改善当前企业所面临的不利环境。此外,不利的环境亦会促使企业加强对资源耗损与加快对环境的响应等方面的管理来维持企业竞争能力和企业绩效。

李平、李伟(2006)[③]研究了环境动态性对企业绩效的影响;张

---

① 刘军、富萍萍、吴维库:《企业环境、领导行为、领导绩效互动影响分析》,《管理科学学报》2005年第5期。

② 张征宇、贺政楚:《环境变数中介对企业创业精神及经营绩效影响》,《求索》2005年第6期。

③ 李平、李伟:《环境动态性对经营者持股和公司绩效关系的影响研究》,《湖南大学学报(社会科学版)》2006年第6期。

雪兰（2007）① 研究了环境不确定性对企业绩效的影响；贺远琼等（2008）② 研究了企业环境不确定性在高层管理者社会资本与企业绩效关系中的权变作用。

赵锡斌（2007）③ 探索性地构建了企业环境与企业绩效的一般理论模型，认为企业环境（包括外部环境和内部环境）影响企业绩效，而企业绩效又会影响企业环境，根据企业环境与企业绩效的这种互动关系，企业管理就不仅要管理生产与经营活动，而且要管理环境，要像管理生产经营活动那样去管理环境。

钟竞、陈松（2007）④ 研究了企业外部技术环境动态性、竞争强度与需求不确定性等外部环境要素对企业探索式创新能力和利用式创新能力之间平衡性的影响，发现企业在技术环境动态性大的情况下追求创新平衡性，而创新给企业绩效带来的影响与企业的市场占有、竞争地位、新产品市场优势及新产品进入市场速度呈正相关关系。

郭晓丹（2008）⑤ 通过对大连装备制造业的实证研究发现，企业环境不确定性的不同水平与类型（环境动态性、复杂性和恶意性）影响企业创新绩效，装备制造企业所感知的环境动态性和复杂性越高，以创新投入和产出所衡量的创新绩效水平也就越高，同时，企业对创新环境的管理能力也与创新绩效呈正相关的关系，且企业规模大小对这种相关性同样存在影响。

李亿、司有和（2008）⑥ 研究了在环境不确定时企业创新管理

---

① 张雪兰：《环境不确定性、市场导向与企业绩效——基于嵌入性视角的关系重构及实证检验》，《中南财经政法大学学报》2007年第6期。

② 贺远琼、田志龙、陈昀：《环境不确定性、企业高层管理者社会资本与企业绩效关系的实证研究》《管理学报》2008年第3期。

③ 赵锡斌：《企业环境分析与调适——理论与方法》，中国社会科学出版社2007年版，第151—156页。

④ 钟竞、陈松：《外部环境、创新平衡性与组织绩效的实证研究》，《科学学与科学技术管理》2007年第5期。

⑤ 郭晓丹：《制造业创新选择与环境不确定性（PEU）的关系——基于大连装备制造业的观测与实证》，《东北财经大学学报》2008年第4期。

⑥ 李亿、司有和：《探索式创新、利用式创新与绩效：战略和环境的影响》，《南开管理评论》2008年第5期。

与战略管理和企业绩效之间的关系，对探索式创新管理、利用式创新管理与企业绩效之间的关系进行了实证研究，着重考察了探索式创新管理、利用式创新管理的内部匹配关系以及这两类创新管理行为与企业战略和环境的外部匹配关系。研究结果表明，两类创新管理行为分别对企业绩效有直接的正向影响，两类企业为应对环境变化所作出的创新管理行为之间的内部匹配对企业绩效无显著影响，两类创新管理行为与企业战略和环境竞争性的外部匹配关系对企业绩效有显著影响。他们进一步证实了企业环境在创新与绩效关系中的调节作用。焦豪（2008）[①]研究了企业动态管理能力包括环境洞察能力对企业绩效的影响，环境动态性是影响它们之间关系的重要变量。

李耀平等（2008）[②]从企业技术环境创新管理的角度分析认为，提升企业技术环境创新能力，固然需要资金、技术、人才等相应创新要素的投入，然而更需要的是有利于激励创新的良好创新环境供给。优化的创新环境的供给会不断孕育出大量的创新思想、增进创新动力、形成创新成果、促进创新扩散，因此，从根本上讲，优化自主创新环境的供给，是提升企业技术环境创新能力的可靠制度保障。需要营造激励企业自主创新的外部宏观环境供给，包括税收政策、金融支持、政府采购政策、知识产权保护、健全科技中介服务体系、人才成长环境、全社会的创新氛围等。但他们并没有指出如何、由谁来营造外部环境的供给，更没有指出企业在对外部环境管理中的作用，也没有关注企业内部环境供给对企业绩效的作用。

朱少英等（2008）[③]从企业内部环境管理的视角，实证研究了企业变革管理、团队氛围、知识共享与企业绩效的关系，发现了一定的相关性。

[①] 焦豪：《企业动态能力、环境动态性与绩效关系的实证研究》，《中国软科学》2008年第4期。

[②] 李耀平、杨春玲、孙锐：《营造激励自主创新的宏观环境分析》，《云南科技管理》2008年第6期。

[③] 朱少英、齐二石、徐渝：《企业变革型领导、团队氛围、知识共享与团队创新绩效的关系》，《中国软科学》2008年第11期。

原欣伟等（2008）①实证研究发现，不同的环境因素在学习动因、创新和企业绩效的关系中发挥着不同作用。企业要充分挖掘自身学习的潜力，就要通过有效的学习环境管理和学习场所设计促进学习动机、学习机会和学习能力的不断提高和协同，通过对企业环境因素的管理促使学习自发自觉地产生，带来企业绩效的提高。

李良俊（2008）②对企业环境管理与绩效的关系进行了梳理。分析了几种典型的企业环境管理与企业绩效的关系模型，包括巴纳德的协作关系模式，达夫特的适应支配模式，费佛尔和萨兰奇科的资源依赖模式，波特的产业结构模式，沃辛顿、希里顿的影响模式等，并提出了自己的观点。他注意到，不仅外部环境管理对企业绩效有直接或间接的影响，企业内部环境的供给甚至企业绩效也可以反过来影响外部环境管理与供给。

李雪松等（2009）③注意到企业环境管理对企业绩效的影响，采用个案研究的方法探究了企业环境管理、知识管理与企业绩效的关系。研究发现实施IT型知识管理战略，获取型知识管理战略，或学习型知识管理战略的企业，在面对环境的动态性、复杂性和威胁性的变化时，环境对企业绩效所产生的影响有所不同。

二　国外相关文献的研究

国外学者萨莱蒙和齐格弗里德（Salamon & Siegfried，1977）④研究了不同行业对于企业自身政治环境供给的差异性，他们研究了企业由于自身因素的差异，诸如企业规模、所在行业的规模及行业集中度、企业利润率、企业所在地区等对于企业税收减免之间的关系。他们的研究结果表明，以上提到的企业的不同差异性对企业的税收减免

---

①　原欣伟、伊景冰、张元好：《情境因素下的学习动因、创新和绩效——一个实证研究》，《研究与发展管理》2008年第4期。

②　李良俊：《企业环境与企业绩效的关系模式探析》，《内蒙古科技与经济》2008年第18期。

③　李雪松、司有和、龙勇：《企业环境、知识管理战略与企业绩效的关联性研究——以重庆生物制药行业为例》，《中国软科学》2008年第4期。

④　Salamon, L., & Siegfried, J., Economic Power and Political Influence: The Impact of Industry Structure on Public Policy, *American Political Science Review*, 1977, 71 (3), pp. 1026 – 1043.

有显著影响。

布伦纳（Brenner, 1980）研究了企业会因哪些因素积极地开展政治活动以提升企业的政治环境供给。通过研究他认为有6种主要因素会导致企业积极开展政治活动以提高企业的政治环境供给，这些因素包括市场依赖性、总收入、行业影响程度、处理与政府关系部门的数量、处理政治事务的经验、政治态度的积极性等。

贝赛纳（Baysinger, 1984）[1] 通过对企业外部政治环境的深入研究后认为，企业可以通过三种方式为自己创造良好的政治环境供给，从而影响或提高企业的绩效。这三种方式分别是领域管理（domain management），它是指企业可以通过与政府关系的管理，寻求政府的财政和政策支持，为企业创造良好的政治环境；领域防御（domain defense），是指企业可以通过与政府关系的管理，控制政府发出威胁企业利益的政策的方式，为企业提供稳定的政治环境；领域维持（domain maintenance），是指企业可以通过与政府关系的管理，防范政府发出威胁企业利益的政策的方式，来维持企业政治环境。

约费里（Yoffie, 1987）[2] 则通过对企业政治环境的研究，提出了企业为寻求良好政治环境供给提高企业绩效的行为分类，即搭便车策略、跟随者策略、领导者策略、私有物品策略、企业家策略等。而罗伯恩和舒尔勒（Rehbein & Schuler, 1995）[3] 则通过研究企业为寻求良好的政治环境供给而采取的信息影响策略，弥补了Yoffie的企业政治行为分类。企业的信息影响策略是指企业通过为政府提供与政策或政策立场偏好相关的信息来影响政策决策制定，从而为企业创造或提供良好的政治环境供给。主要包括游说、报告和提供调查结果、参与听证会作证等。

---

[1] Baysinger, B., Domain Maintenance as an Objective of Business Political Activity: An Expand Typology, *Academy of Management Review*, 1984, 9 (2), pp. 248 – 258.

[2] Yoffie, D., Corporate Strategies for Political Action: A Rational Model. In A. Marcus, Kaufman A., & Beam D. (Ed.), *and Westport, Connecticut: Quorum Books.* 1987.

[3] Rehbein, K., &Schuler, D., The Firm as A Filter: A Conceptual Framework for Corporate Political Strategies, *Academy of Management Journal*, 1995, pp. 406 – 410.

格里、蒙吉尔和罗伯特（Grier、Munger & Roberts，1994）①则通过收集1978—1986年这9年间124个行业的政治活动相关数据，并建立一个利润—成本模型预测每个行业的捐款。通过研究他们认为行业从政府得到的扶持越多使得行业的潜在利润越多，行业的捐款就越多。反过来说行业或企业可能会通过捐款等社会行为，为自己提供更好的政治环境供给，从而提高企业或整个行业的绩效。

道格拉斯（Douglas，1995）②通过研究企业的政治行为如何影响企业的政治环境供给以提高企业的绩效水平，并建立了企业的政治行为如何为企业提供特殊利益的理论模型。通过该模型分析了企业的政治行为决策带来的政治环境供给对企业组织绩效的直接影响。

盖特（Getz，1997）③把企业为自身政治环境的供给而采取的行为做了分类研究，诸如游说、参加听证会、请愿、竞选捐款、选民培养、鼓吹性广告宣传和政治联盟等。

迈克尔（Michael，2000）④通过研究评估了企业的捐款、选民培养、企业游说、广告鼓吹性宣传等行为活动对政府立法决策的影响，从而影响企业的政治环境供给与企业绩效的提升。通过对专业人员提供数据的分析，研究了不同企业对于其政治行为活动的展开与绩效提升之间的关系，得出结论认为企业对于选民的培养是一种最有效的为企业提供政治环境供给从而提高企业绩效的方法。

除了以上列出的国外学者对企业政治环境供给方面的研究文献外，一些国外的学者还在积极地研究企业的政治活动如何为企业带来良好的政治环境以提高企业的绩效问题。例如，企业的搭便车行为对

---

① Grier, B., Munger, C., &Roberts, C., *The Determinations of Industry Political Activity, 1978 - 1986*, The American Political Science Review, 1994, 88 (4), pp. 911 - 926.

② Douglas, D., *Corporate Political Activity as a Competitive Strategy: Influencing Public Policy to Increase Firm Performance*, PH. D. Thesis, Texas A&M University, 1995.

③ Getz, K. A., *Research in Corporate Political Action: Integration and Assessment*, Business and Society, 1997, 36 (1), pp. 32 - 72.

④ Michael, D., *Corporate Political Strategy and Legislative Decision Making*, Business and Society, 2000, 39 (1), pp. 76 - 94.

企业政治环境供给的影响（Buchanan, Tollison&Tullock, 1980[①]; Tollison, 1982[②]; Becker, 1983[③]; Olson, 1965[④]）。同时，还有一些国外学者从企业国际化中的政治策略与行为的角度分析了企业的政治环境供给对企业绩效的影响与关系问题（Boddewyn&Brewer, 1994[⑤]）等。

20世纪80年代初期，瑞士洛桑国际管理学院（IMD）的著名教授丹尼尔·丹尼森（Daniel Denison）[⑥]对34家企业的绩效进行了研究，发现那些对于企业内部环境管理相对合理、员工参与决策程度较高的企业，其投资回报率和销售回报率均比其他公司高出2—3倍。研究持续的时间越长，这种企业之间绩效的差距就越明显。

科胡（Kohn等，1990）[⑦]、麦吉恩（McGinnis等，1993）[⑧]将环境的动态性（dynamism）、变异性（heterogeneity）、敌对性（hostility）、宽厚性（munificence）与复杂性（complexity）作为企业环境的主要变量，研究了其对物流管理战略及企业绩效的影响。他们认为，"宽厚性"是指环境能够支持企业持续增长的程度，如现有或新的市场或产品的机会可获得性、充足的潜在市场增长；"动态性"指顾客品位、技术、竞争模式等不可预测性和变化的程度；"变异性"指竞

---

① Buchanan, J., Tollison, R., & Tullock, G. Toward a Theory of a Rent Seeking Society. College Station, TX: *Texas A&M University Press*. 1980.

② Tollison, R., Rent Seeking: *A Survey. Kyklos*, 1982 (35), pp. 575 – 602.

③ Becker, G., A Theory of Competition Among Pressure Groups for Political Influence, *Quarterly Journal of Economics*, 1983 (3), pp. 371 – 399.

④ Olson, M., The Logic of Collective Action, Cambridge, England: *Cambridge University Press*. 1965.

⑤ Boddewyn, J., & Brewer, T., International Business Political Behavior: New Theoretical Directions, *Academy of Management Review*, 1994 (19), pp. 119 – 143.

⑥ William Mobley、汪滢等：《如何测评你的组织文化》，The Link, 2005年6月，第10—15页。

⑦ M. A., McGinnis, J. W., Kohn, Logistics Strategy, Organizational Environment and Time Competitiveness, *Journal of Business Logistics*, Vol. 14, No. 2, 1993, pp. 1.

⑧ Kohn, Jonathan W., McGinnis, Michael A., Kesava, Praveen K., Organizational Environment and Logistics Strategy: an Empirical Study, *International Journal of Physical Distribution and Logistics Management*, 20, 2 (1990), pp. 22 – 30.

第二章 相关理论与文献综述

争策略、顾客品位、产品线、分销渠道等有很多不同的选择。

彼得（Peter T. Ward 等，1995）[①] 对新加坡制造业研究发现，企业环境变量如企业成本、劳动力供应、竞争的敌对性、市场动态性等通过对运作战略与竞争优势的选择影响企业绩效。扎哈和卡温（Zahra & Covin，1995）通过研究发现，企业领导人的精神与企业绩效具有较显著的正向关系。[②] 萨克西和唐纳德（Shaker A. Zahra & Donald O. Neubaum，2000）[③] 提出，企业领导人在对组织的更新，企业新的业务的开拓和提高企业绩效方面是十分重要的。马库斯（Marcus Dejardin，2000）[④] 还从两个方面来研究企业文化管理与建设和公司绩效增长之间的关系。首先，他探讨了两者之间的内生关联性，指出了企业文化是促进企业绩效增长的内生变量。其次，作为企业发展的决定因素的企业家资源，如果在企业日常活动中出现了效率低的情况，那么该企业的绩效将会因此而停滞不前，甚至倒退。

罗丝（Ross）等学者（1997）[⑤] 从动态资源管理的观点出发，检验了对知识资本的管理与企业绩效创造过程之间的关系，并指出知识资本管理作为一种策略工具对于企业绩效创造具有着重要的影响。伯尼斯（Bontis，1998）[⑥] 运用实证方法开发了对知识资本管理概念的测量，并初步检验了知识资本管理模型对于企业绩效的影响。研究表

[①] Peter T. Ward et al., Business Environment, Operations Strategy, and Performance: An Empirical Study of Singapore Manufacturers, *Journal of Operations Management*, 1995, 13, pp. 99 – 115.

[②] Zahra, S. A., and J. G. Covin, Contextual Influences on The Corporate Entrepreneurship Performance Relationship: A Longitudinal Analysis, *Journal of Business Venturing*, 1995, 10 (1), pp. 45 – 58.

[③] Shaker A. Zahra, Donald O. Neubaum, Morten Huse, Entrepreneurship in Medium – size Companies: Exploring the Effects of Ownership and Governancesystems. *Journal of Management*, 2000, Vol. 26 (5), pp. *947 – 976*.

[④] Marcus Dejardin, Entrepreneurship and Economicgrowth: An Obvious Conjunction? An Introductive Survey to Specific Topics. Institute for Development Strategies Discussion Paper, *Indiana University, Bloomington*, 2000, Vol. 8, p. 17.

[⑤] Ross, J. Ross, G. Dragonetti, N. C., Edvinsosn, L, Intellectual Capital: Navigating in *the New Business Landscape, London*: Macmillan, 1997.

[⑥] Bontis, N, Intellectual Capital: *An Exploratory Study that Develops Measures and Models, Magement Decision*, 1998, 36 (2), pp. 63 – 67.

明，企业对知识资本管理与企业绩效之间存在着显著的正相关关系。

奥斯本（Osborne, 1998）①也指出在知识型企业中对于无形资产的管理对企业绩效价值的创造，占有了80%的贡献度。布伦南和康奈尔（Brennan & Connell, 2000）②的相关研究认为，知识资本作为企业最重要的资本要素之一，对于企业绩效有着显著的影响。伯尼特和蔡庄开（Bontis & Chua Chong Keow 等, 2000）③在马来西亚做了关于知识管理与企业绩效关系的实证研究，结果表明，知识与企业绩效存在着明显的关系，企业的知识资本程度高，其企业绩效也相应的提高。桑切斯（Sanchez 等, 2000）④的研究指出知识在管理过程中的重要性，并认为知识管理是企业获取绩效的关键资源。列夫（Lev, 2001）⑤认为在知识经济时代，企业的知识资本已经成为驱动企业绩效的主要因子。艾哈迈德（Ahmed Riahi – Belkaoui, 2003）⑥从资源基础和利益相关者的视角，以《财富》杂志1991年评选出的美国100家"最大跨国"制造和服务公司中的81家为样本，以1987—1991年企业的全部资产相对增值（RVATA）为自变量，以1992—1996年的企业的RVATA为因变量，发现知识资本对美国跨国公司的绩效有着积极和显著的作用。

"科学技术是第一生产力"这句话用在当代仍然不过时，随着一批批新技术的诞生，企业要是能占得先机，及时的把新技术纳为自己企业内部的资源来运用，那么该企业想创造好的绩效就如囊中探物，

---

① Osborne, A., Measuring Intellectual Capital: The Real Value of Companies, *The Ohio CPA Journal* (October – December), 1998, pp. 37 – 38.

② Brenna, N., Connell, B., Intellectual Capital: Current Issues and Policy Implications, *Journal of Intellectual Capital*, 2000, 1, pp. 206 – 240.

③ Bontis, N., Keow, W. C. C., Richardson, S. Intellectual Capital and Business Performance in Malaysian industries, *Journal of Intellectual Captial*, 2000, 1 (1), pp. 85 – 100.

④ Sanchez, Management of Intangibles: An Attempt to Build a Theory, *Journal of Intellectual Capital*, 2000, 1 (4), pp. 312 – 327.

⑤ Aboody, David and Baruch Lev., The Value Relevance of Intangibles: The Case of Software Capitalization, *Journal of Accounting Research*, Vol. 36, Supplement, 1998, pp. 161 – 191.

⑥ Ahmed Riahi – Belkaoui. Intellectual Capital and Firm Performance of US Multinational Firms, *Journal of Intellectual Capital*, 2003, 4 (2), pp. 215 – 226.

因为企业内部环境中的资源要素也对企业的绩效发挥有着重要的影响。目前,已经有很多学者认识到对企业内外部资源环境的管理对企业绩效的重要作用。

什哈德和马克(Shrader & Mark Simon,1997)[①]认为,以资源基础理论为基本前提的假设指出:不同的资源可以导致不同的战略选择,并且这种资源能够影响战略的有效性,因此对资源的管理和战略之间有相互关系,而战略与企业的绩效又有着明显的联系,所以,企业对资源环境的管理会影响企业的绩效。

布什和查加特(Brush & Chaganti,1998)[②]通过问卷形式调查了新泽西岛195家服务和零售企业,研究人力资源环境和组织资源环境对企业绩效的影响作用。研究结果指出,在小的服务和零售企业中,对企业内外部环境的资源管理,尤其是人力资源环境和组织资源环境的管理对企业绩效的影响比战略对企业绩效的影响更大。

卡梅丽(A. Carmeli,2001)[③]将企业中的核心资源分为有价值性的、稀缺性的、难以模仿的和不可替代的四种资源。该学者通过对以色列公司的调查问卷研究,发现高绩效的企业比低绩效的企业对这四种资源有更加清晰的认识,并且绩效好的企业对整个行业环境的预测会比绩效差的企业相对来说好点。所以,该学者的研究在一定程度上充分的说明了环境、企业资源和企业绩效三者之间是存在相互关系的。

夸斯(Kwasi,2003)[④]通过对新兴经济体——加纳的研究,发现竞争敌对性是影响制造战略选择的最重要环境要素。Mar Fuentes – Fu-

---

① Shrader, Mark Simon, Corporate Versus Independent New Ventures: Resource, Strategy and Performance Differences, *Journal of Business Venturing*, 1997, 12, pp. 47 – 66.

② Brush, Chaganti. Businesses Without Glamours an Analysis of Resources on Performance by Size and Gge in Small Service and Retail Firms, *Journal of Business Venturing*, 1988. 14, pp. 223 – 257.

③ A. Carmeli. High – and low – performance firms: Do They Have Different Profiles of Perceived Core Intangible Resources and Business Environment? *Technovation*. 2001, 21, pp. 661 – 671.

④ Kwasi Amoako – Gyampah, The Relationships Among Selected Business Environment Factors and Manufacturing Strategy: *Insights from an Emerging Economy*, Omega 31, 2003, pp. 287—301.

entes 等（2004）① 在研究全面质量管理（TQM）对企业绩效影响时，考虑了环境的动态性、宽厚性、复杂性对 TQM 实施的程度和效果。

贺格（Hoque，2004）② 通过对新西兰 52 家制造企业调查，研究了企业战略、环境不确定性与企业绩效的关系，该研究用非财务绩效指标作为对企业绩效的测量，发现环境管理战略的选择与企业绩效存在显著关系，但并没发现环境不确定性与企业绩效存在显著相关。

埃德尔曼和玛农（Edelman Brush & Manolova，2005）③ 将研究的范围从小的服务和零售企业扩大到传统的中小企业，研究结果指出单纯的人力资源管理和组织资源管理的结合对于提高企业绩效没有很大的影响，但是当这两种资源的管理与企业的环境管理战略相结合时能让企业绩效明显的提高。

第三节　对现有文献的评论

前述几个重要的理论学派，虽然它们观点各异，且从不同的研究视角出发研究同一个问题，但是对于企业与环境管理的关系问题，这几个理论学派还是在一些方面有共同之处。

第一，各个组织理论学派都认为企业的生存和发展与环境有着密切的关系，受到了环境的制约。第二，寻求企业生存和发展环境的稳定与可预测性是各个理论学派的共同目标。第三，不同理论学派的一个普遍的观点认为，企业是受利益所驱使的。强调经济利益的重要性，包括企业生存、资源控制、交易成本节约、企业绩效等各方面

---

① M. Mar Fuentes - Fuentes, Carlos A. Albacete - Scaez, F. Javier Lloraens - Montes, The Impact of Environmental Characteristics on TQM Principles and Organizational Performance, *Omega* 32, 2004, pp. 425 - 442.

② Zahirul Hoque, A Contingency Model of the Association Between Strategy, Environmental Uncertainty and Performance Measurement: Impact on Organizational Performance, *International Business Review*, 2004, 13, pp. 485 - 502.

③ Linda F. Edelmana, Candida G. Brush, Tatiana Manolovac, Co - alignment in the resource - Performance Relationship: Strategy as Mediator, *Journal of Business Venturing*, 2005, 20, pp. 211 - 226.

（费显政，2005）①。虽然各学派对企业环境管理理论的研究成果丰富，做出了重要的贡献，但对于企业环境问题还是有很多没有得到解决的问题。主要体现如下：

首先，没有对企业环境做出科学合理的定义。各学派都强调企业环境对于企业生存、发展与进化的重要性，但在环境定义上都没有令人信服的科学合理的研究成果。其次，偏重于企业外部环境管理的研究，而对内部环境管理的研究几近缺失。学者们普遍认为企业环境就是企业外部环境，虽然有的学者也提出了"内部环境"的概念，但都没有深入系统地研究过企业内部环境。最后，尚未形成完整的企业环境管理理论体系。由于在企业环境定义方面，以及在企业环境的系统认识方面存在着以上缺陷，因此，就不可能形成完整的企业环境管理的理论体系。虽然也有的学者试图对企业环境管理作系统分析，但由于在企业环境界定与企业环境到底包含哪些因素等基础性研究方面没有做好，因此，所给出的一些分析与观点难以让人信服。缺乏对企业内部环境管理及其与外部环境管理之间相互关系的分析，更缺乏综合内外环境管理相互关系的分析。

值得关注的是，我国学者赵锡斌（2007）最近提出了系统环境观的概念，通过对以往各学派理论的比较分析（见表2-2），从企业与环境关系的视角总结了各个理论学派所持有的理论观点，并归纳出了四种环境理论观点，即环境决定论、环境适应论、相互影响论、共同进化论。还提出了企业环境理论整合的必然性与必要性，并提出了理论整合的基本框架；对企业环境的定义、企业环境系统的构成也作出了新的解释，并提出了企业环境的研究对象；引入均衡与非均衡的概念，对企业环境调适方法进行了初步探索；尝试将企业环境纳入内生性分析，等等，这些探索性的研究为我国企业环境的分析奠定了基础。本书还是比较赞同赵锡斌所赞同的企业与环境的相互影响论的观点，这也是本书下面研究的一个基本理论出发点与理论基础。

再从文献综述的角度来看，研究的基本范式是：其一，对于企业

---

① 费显政：《企业与环境互动关系研究》，武汉大学博士学位论文，2005年，第40页。

环境管理与绩效关系的研究都集中在企业环境子环境或局部环境对企业绩效的影响,很少从企业整体环境的角度对企业环境管理策略和绩效关系进行深入研究与探讨;其二,从企业环境—管理要素—企业绩效出发,将企业环境作为管理的外部变量,而没有考虑到企业在影响、改变或创造新环境方面的主体性问题。由此,国内学者赵锡斌(2007)就提出,企业不仅要管理生产与经营活动,而且要管理环境,要像管理生产经营活动那样去管理环境,并创造新环境。

表 2-2　　　　　企业与环境关系的主要理论比较①

理论观点	基本内容	所属学派	代表人物
环境决定论	环境决定企业的生存,环境选择企业,优胜劣汰	种群生态理论	Hannan & Freeman (1977)
环境适应论	企业可以采取措施适应环境、选择环境	权变理论	Lawrence & Lorsch (1967)、Child (1972)
相互影响论	环境影响企业,企业影响环境、操纵环境	资源依赖理论	Pfeffer & Salancilk (1978)
共同进化论	企业是商业生态的组成部分,企业应与所处商业生态系统共同进化	商业生态系统理论	Moore (1993, 1996)

因此,本书就着重从企业创造新环境这个方向入手,提出了企业环境供给的研究视角。从企业供给的视角下研究企业对环境的管理与企业绩效之间所存在的关联性问题,从而在保持环境整体性的前提下研究企业环境问题。本书采用赵锡斌的"企业与环境相互影响论"的观点。其核心观点认为环境影响企业,企业影响环境、操纵环境。所以,本书从企业新环境供给这个视角研究企业绩效问题。即:环境—企业对环境管理—新环境供给—企业绩效这个路径进行研究。

---

① 赵锡斌:《企业环境分析与调适——理论与方法》,中国社会科学出版社 2007 年版,第 140 页。

第四节　本章小结

　　企业绩效的好坏是离不开其生存的整个大环境的，20世纪90年代以来，中国在从计划经济体制向市场经济体制转换的道路上迅速前进，中国企业所处的经济环境发生着剧烈的变化，政府政策系统的变革、外商直接投资的增长、中国加入WTO、管理的现代化、电信和网络技术的迅速发展，给中国企业都带来了前所未有的商机，企业与环境的关系对企业的绩效影响甚大，我们在理清它们的关系之前就必须了解其理论的整个发展过程。所以，在这一章节中首先对企业与环境关系的相关理论，包括权变理论、种群生态理论、资源依赖理论、商业生态系统理论等作了一个简要的概述，并对这些理论进行了一个不同理论学派的比较。其次，总结了国内外对企业环境管理与企业绩效影响关系的文献，包括对企业环境子环境的管理策略或方法对企业绩效产生影响的相关文献进行了一个梳理与述评。最后，归纳总结企业环境管理策略对企业绩效影响的一些相关研究成果，以及研究方法等方面的研究现状，为本书展开实证研究奠定理论基础。

第三章

企业环境管理与企业绩效相互关系的理论模型构建

本章从环境的内涵开始,逐步研究与分析了企业环境的一些相关概念及其分类。从企业环境管理的宏观环境子系统、市场环境子系统、企业内部环境子系统入手,根据以往国内外学者对企业环境管理中的这三大环境子系统及企业绩效等几个多维度变量的相互关系进行研究与总结。通过研究以往国内外学者的研究成果发现,国内外学者目前都是针对各自不同的研究领域与目的,对上述概念采取了不同维度的划分。本书为了使变量之间的相互作用关系更加明确,将在以往学者的研究基础上,深入分析各个变量的内涵,并提出适当的研究维度,并在此基础上提出本书的基本理论模型。

第一节 环境相关概念的界定与企业环境维度的划分

企业环境是指企业赖以生存和发展的各种内外部条件和内外部因素,它对企业产生直接或间接的影响。企业环境的因素又是多方面的、复杂的,既有经济因素,又有自然资源、人力资源、技术、文化等因素,还有政治、社会的因素(见图3-1),这些因素相互依存、相互制约,综合的对企业产生影响,制约企业的行为。同时,企业对环境的管理策略与手段又影响了环境的变化,尤其在影响企业具体环境方面,企业可以通过对环境的管理发挥更大的能动性。

第三章　企业环境管理与企业绩效相互关系的理论模型构建

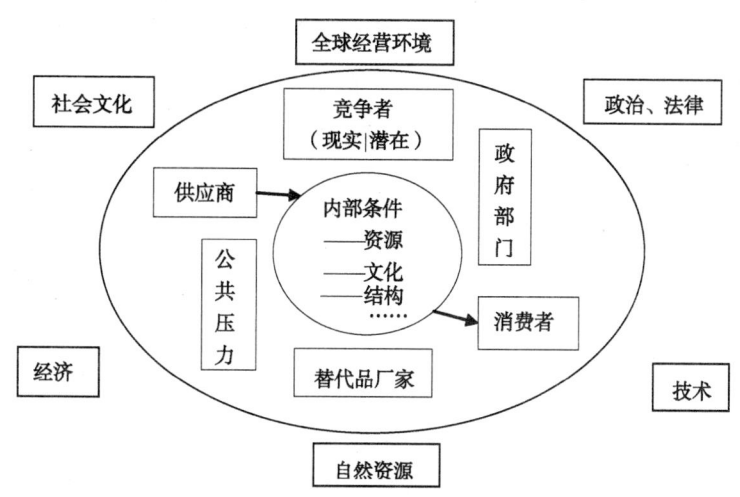

图 3-1　企业环境的一般要素模型①

所以，对企业环境管理的研究是一个非常复杂的过程，从企业环境的特征来看，它具有复杂性、动态性、敌对性等（见表 3-1）；从

表 3-1　　　　　　　　环境特征的维度划分

环境的维度	代表学者及年代
环境稳定性（Stability） 环境复杂性（Complexity） 环境敌对性（Hostility）	Mintzberg（1979）
环境动态性（Dynamism） 环境复杂性（Complexity） 环境宽松性（Munificence）	Dess&Beard（1984） Amit&Schoemaker（1993）；Boyd（1990）；Tan（1993）
环境宽松性（Munificence）	Masoud（1989）；Castrogiovanni（1991）；Hammers（1993）
环境动态性（Dynamism） 难以预测性（Unpredictability） 环境异质性（Heterogeneity）	Miller（1983）
环境异质性（Heterogeneity）	Miles（1980）
环境动态性（Dynamism）	Thompson（1967）；Duncan（1972）；Tosi（1973）； Child（1972）
环境复杂性（Complexity）	Child（1972）；Dess&Beard（1984）；Mintzberg（1979）
环境敌对性（Hostility）	Aldrich（1979）；Pfeffer&Salancik（1978）； Covin&Slevin（1989）；Zahra&Covin（1995）
环境异质性（Heterogeneity） 环境变动性（Urbulence） 环境矛盾性（Conflict）	Coelho（2005）

资料来源：参考张映红（2005）、崔启国（2007）等相关学者。

---

① 谭力文等：《民营企业的经营战略》，民主与建设出版社 2001 年版，第 21 页。

环境对企业的影响因素的子系统来说,又可以从宏观环境子系统、市场环境子系统、企业内部环境子系统、自然环境子系统来划分;而从环境管理的方式来说,又可分为主动性管理与适应性管理。本书则从另一个研究视角——环境供给视角研究了企业环境管理对企业绩效的影响,进而避开了企业环境与环境管理中的众多复杂多变和不可控因素综合影响。由于自然环境子系统对企业绩效的影响的研究已比较成熟,所以本书重点则是从宏观环境子系统、市场环境子系统、企业内部环境子系统这三大企业环境的子系统出发,通过对这三大环境子系统的管理,并从环境供给的视角考虑企业环境管理对企业绩效的影响。基于此,本章以这三大企业环境子系统的供给为核心构建了一个综合的企业环境管理与绩效关系模型,并将其应用于理论探讨和实证研究之中。

首先,在研究之前先来对环境的概念做一个界定。环境在《韦氏词典》(*Merriam Webster's Online Dictionary*)[①] 中的解释为:周围的情况、物体或条件,而在《现代汉语词典》中,环境则被认为是事物周边的情况和条件。美国学者汤普森(1967)在其所著的《行动中的组织——行政理论的社会科学基础》[②] 中认为"环境是一个剩余的概念,它指所有的'别的因素'";卡斯特和罗森茨韦克(1985)[③] 认为,"环境就是组织界线以外的一切事物";明茨伯格等(1998)[④] 认为环境是"组织以外的所有东西";罗宾斯(1994)[⑤] 将环境定义为对企业绩效起潜在影响的所有外部机构或力

[①]《韦氏词典》: Environments – The Circumstances, Objects, or Conditions by Which One is Surrounded。

[②] 詹姆斯·汤普森:《行动中的组织——行政理论的社会科学基础》,敬乂嘉译,上海世纪出版集团、上海人民出版社2007年版,第33页。

[③] 弗莱蒙特·E. 卡斯特、詹姆斯·E. 罗森茨韦克:《组织与管理:系统方法与权变方法》,傅严、李柱流等译,中国社会科学出版社2000年版,第164页。

[④] 亨利·明茨伯格、布鲁斯·阿尔斯特兰德、约瑟夫·兰佩尔:《战略历程:纵览战略管理学派》,刘瑞红、徐佳宾、郭武文译,机械工业出版社2002年版,第195页。

[⑤] 斯蒂芬·P. 罗宾斯:《管理学》(第四版),黄卫伟等译,中国人民大学出版社1997年版,第64页。

量；达夫特（2001）① 认为企业环境是"存在于企业边界之外，并可能对企业的全部或部分产生影响的所有因素"。

其次，在环境的划分上还有广义与狭义之分。广义的环境用的是减法，即除自我因素之外的其他一切要素的总和。而狭义的环境则用的是加法，仅指影响主体组织发展与生存的某些因素而已，就广度来说比广义环境狭小且具体得多。如霍沃勒（Hawley 等，1968）② 就定义环境为："所有外在于被研究的主体，并且能对被研究主体产生实际或潜在影响的因素。"邓肯（Duncan，1972）③ 就将企业环境定义为："企业中做出决策的个体或群体所需要直接考虑的物理和社会因素的总和。"而 Robbins 在其所著的《管理学》④ 中就认为企业环境是："对企业绩效起着潜在影响的外部机构或力量。"当然，这也是现代环境观对企业环境定义的主流观点。

目前，在企业环境研究的学术界对环境的划分也有很多种，因此对环境维度的划分也有很多种。比较有代表性的有这样几种：把环境划分为一般环境与任务环境两个维度，如布尔格斯（Bourgeois，1980）⑤ 就把企业环境分为一般环境和任务环境两大类。一般环境又包括对企业经营活动具有间接影响的环境维度，如，政府因素、社会文化因素、经济条件因素、技术及物资因素等；任务环境维度则是与企业经营活动直接相关的环境维度，这些维度可以直接影响企业的经营活动及企业目标的实现，如顾客要素、供应商要素、竞争者要素、分销商要素和行业的管理者或管理机构要素，如图 3-2

---

① 理查德·L. 达夫特：《组织理论与设计》，王凤彬、张秀萍等译，清华大学出版社 2003 年版，第 149 页。
② Hawley, Amos H., Human Ecology, David L., Sills (ed.), *International Encyclopedia of the Social Sciences*, New York: Macmillan, 1968: p. 330.
③ Duncan, Robert B., Characteristics of Perceived Environments and Perceived Envionmental Uncertainty. *Asministrative Science Quarterly*, 17, 1972, pp3. 14
④ 斯蒂芬·P. 罗宾斯：《管理学》，中国人民大学出版社 1997 年版，第 64 页。
⑤ Bourgeois L. J. (1980), Strategy and Environment: A Conceptual Integration, *The Academy of Management Review*, Vol. 5, No. 1, pp. 25 – 39.

所示。邓肯（Duncan，1972）[①] 将环境分为内部环境、外部环境。斯坦纳（Steiner，1984）[②] 也把企业环境分为外部环境和内部环境两个方面，将企业所有者、雇员、经理层和董事会等都纳入到企业内部环境的范围；沃辛顿和布里顿（2003）[③] 在《企业环境》一书中，分别对企业组织的外部环境和内部环境的构成要素进行了界定与分析。我国学者刘延平（1995）[④] 也认为企业环境分为内部环境与外部环境，并对企业内外部环境构成及特点做了分析；席酉民（2001）[⑤] 认为企业"内部环境主要讨论企业内部氛围、企业组织制度和政策形成的感受系统，而外部环境主要是企业发展必须依赖的和无法回避其影响的企业外部系统"；李汉东和彭新武（2006）[⑥] 认为不确定性对企业的影响可以分为企业外部环境和内部因素两个方面；斯格特（1997）[⑦] 将环境区分为技术环境和制度环境；皮尔斯和罗宾逊（Pearce & Robinson，2000）[⑧] 将环境分为总体环境、产业环境、任务环境；阿尔丹和斯特尔（Aldag & Stearns，1995）[⑨] 依据环境的领域分为：经济环境、政治环境、社会环境、科技环境、竞争环境、自然环境6大类型。在战略咨询教学实践中，根据分析需要，又

[①] Duncan R. B. (1972), Characteristics of Organizational Environments and Perceived Environmental Uncertainty, *Administrative Science Quarterly*, Vol. 17, No. 3, pp. 313 – 327.

[②] Steiner G A. (1984), *Business, Government, and Society: A Managerial Perspective Text and Cases*, New York: Random House.

[③] ［英］伊恩·沃辛顿、克里斯·布里顿：《企业环境》，徐磊、洪晓丽译，经济管理出版社2005年版，第1—28页。

[④] 刘延平：《企业环境与国际竞争力》，载《辽宁大学学报》1995年第5期，第86—88页。

[⑤] 席酉民：《企业外部环境分析》，高等教育出版社2001年版，第1页。

[⑥] 李汉东、彭新武：《战略管理前沿问题研究：变革与风险——不确定条件下的战略管理》，中国社会科学出版社2006年版，第1页。

[⑦] ［美］W. 理查德·斯格特：《组织理论（第四版）》，黄洋等译，华夏出版社2002年版，第122页。

[⑧] Pearce J. A., & Robinson R. B. (2003), Strategic Management: Strategic Formulation and Implementation, *AITBS Publishers & Distributors*, Delhi.

[⑨] Aldag R. J., & Stearns T. M. (1991), *Management, Cincinnati: South – Western Publishing*.

有宏观环境、中观环境、微观环境（Hodge & Johnson，1970）①，等等。

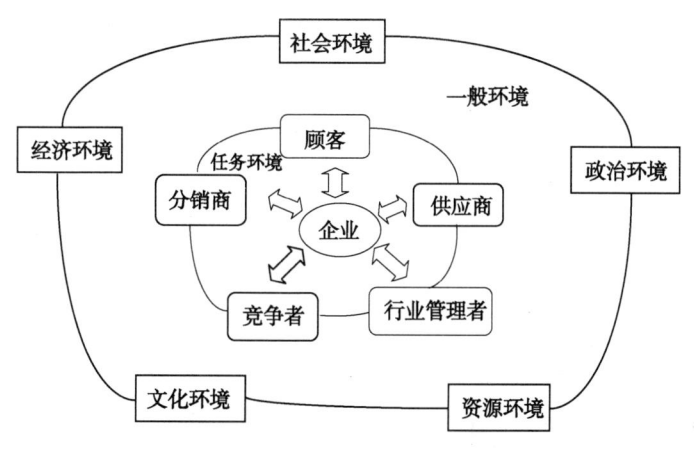

图 3-2　企业任务环境与企业一般环境概念图②

最具典型性的是国内学者赵锡斌（2007）③认为从系统理论的视角出发，应该把企业环境看作一个整体性的概念。因此他把企业环境定义为一些相互依存、互相制约、不断变化的各种因素组成的一个系统，是影响企业组织决策、经营行为和经营绩效的现实各因素的集合。在此一般概念下，可再分为企业内部环境和外部环境两个子概念。并提出关于企业环境系统的划分，把企业环境系统划分为宏观环境系统子系统，市场环境系统子系统，企业内部环境系统子系统以及自然环境系统子系统（见图3-3）。通过这四个子系统间的交叉作用与联系，对企业环境系统的反映则更加全面、形象与生动。

根据以往文献的研究结果来看，一般来说企业对环境的管理可分为企业对内部环境的管理和企业对外部环境的管理。企业内部环境管理包括企业内部各部门以及各个员工之间的关系、协调和协作等。如

---

① Hodge B. J. , & Johnson H. J. （1970），*Management and Organizational Behavior: A Multidimensional Approach*, Wiley.
② 贾宝强：《公司创业视角下企业战略管理理论与实证研究》，吉林大学博士学位论文，2007年。
③ 赵锡斌：《企业环境分析与调适——理论与方法》，中国社会科学出版社2007年版，第69页。

```
企业环境系统
   ├── 宏观环境系统子系统
   ├── 市场环境系统子系统
   ├── 自然环境系统子系统
   └── 企业内部环境系统子系统
```

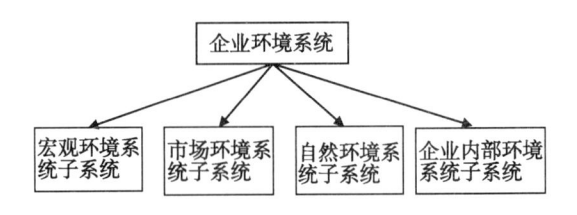

图 3-3　企业环境系统的划分

企业最高管理层、财务、研发、采购、生产、销售、广告等部门，这些部门与部门之间密切配合、协调，是企业内部环境管理的主体。企业内部环境管理的主旨在于，打造优良的企业团队精神和共同的企业价值观。同时关注员工个性张扬与释放，激发员工创新精神和创新动力；创造以人为本的和谐的企业文化，为员工提供实现自我价值的平台等。通过企业内部环境的管理，可以提高企业的整体素质，增强员工的凝聚力和企业竞争力，营造出更加和谐的企业内部人文环境。企业外部环境管理又包括企业外部各个社会组织单位与企业之间的关系、协作和竞争等，企业外部环境一般包括：经济、技术、政治与法律、社会和文化等方面的因素。企业的外部环境是客观存在的，对每一个企业都产生影响。鉴于此，企业的外部环境管理需要企业管理者收集、加工、整理、协调这些外部环境因素对企业产生影响的信息数据，以进行有效管理，进而根据企业最高管理决策层规定的企业任务、目标、战略和政策，做出各项企业外部环境管理决策。

众所周知，任何企业的经营活动都是在一定环境下进行的，企业行为既要受到自身条件的限制，又要受到外部条件的限制和制约。自迈尔斯和斯纳（Miles & Snow, 1974）[1]对较早期的企业环境状况进行了相关研究之后，企业环境管理对于企业所起到的作用和影响逐渐受到广大学者的重视。在若干环境要素中，技术环境要素最先受到研究者的重视，如伯恩斯（Bourgeois, 1980）[2]首先认识到由于生产技

---

[1] Miles, R. E., Snow, C. C., &Pfeffer. J., Organizational - environment: Conceptsand-issues. *Industrial Relations*, 13: 1974, p. 562.

[2] Bourgeois, L. J. 1980. Strategy and Environment: A Conceptual Integration, *Academy of management Review*, 5: p. 25.

术高低与生产加工方式的差异所带来的企业绩效的变化。他研究了很多关于企业环境要素对企业本身的影响的认识，认为企业环境管理的因素不但决定了对特定产品和服务的需求，而且决定了为提供这些产品和服务而创建的企业的若干特性。伯恩斯（Bourgeois，1985）进一步分析了行业产生时的初始环境因素如何影响企业在生产经营活动中对自身环境要素的管理，包括企业的战略选择与企业组织结构构建。后来的学者鲍姆和辛格（Baum & Singh，1994）[①]也认识到企业对环境的管理策略和企业的领导者对环境的认知必须保持一致。美国著名社会学家和管理学家理查德（Richard. H. Hall，2002）[②]明确指出："企业的经济状况和内部政治对如何采纳企业对环境管理的策略有一定影响。环境对企业还有另一种影响，政府政策能够鼓励或阻碍企业的环境管理策略。"因此，"企业环境管理和企业环境本身都是一项需重点考虑的因素——这一点并不让人觉得意外"。

国内学者研究方面，也以武汉大学赵锡斌最有代表性。赵锡斌在其所著的《企业环境分析与调适——理论与方法》一书中把企业环境分为内部环境和外部环境（如图 3-4 所示）。该书详细论述了企业环境理论的发展与演化历史，提出了企业环境管理的非均衡调适方法，为我国企业进行环境管理提供了理论和实践的指导作用。赵锡斌（2007）[③]还提出，企业也是环境创新的主体。企业要充分发挥企业在管理环境上的主动性和创造性，创新企业环境。企业对其所处的环境不应是被动适应，或只能对环境做出非常有限的选择。企业应该积极的对环境进行管理、创新，进而为企业的可持续发展打下基础。

本书也采用了赵锡斌（2007）对企业环境划分维度的观点，将企业环境分为内部环境和外部环境两个子概念。并把企业环境系统划分为宏观环境系统子系统、市场环境系统子系统、企业内部环境系统子

[①] Bourgeois, L. J., Strategic Goals, Perceived Uncertainty, and Economic Perform Ancein-volatileenvironments. *Academy of Management Journal*, 1985, 28: p. 548.

[②] 理查德·H. 霍尔：《组织：结构、过程及结果》，张友星等译，上海财经大学出版社 2003 年版，第 219 页。

[③] 赵锡斌：《试论企业环境的创新》，载《珞珈管理评论》2007 年第 1 期，第 1 页。

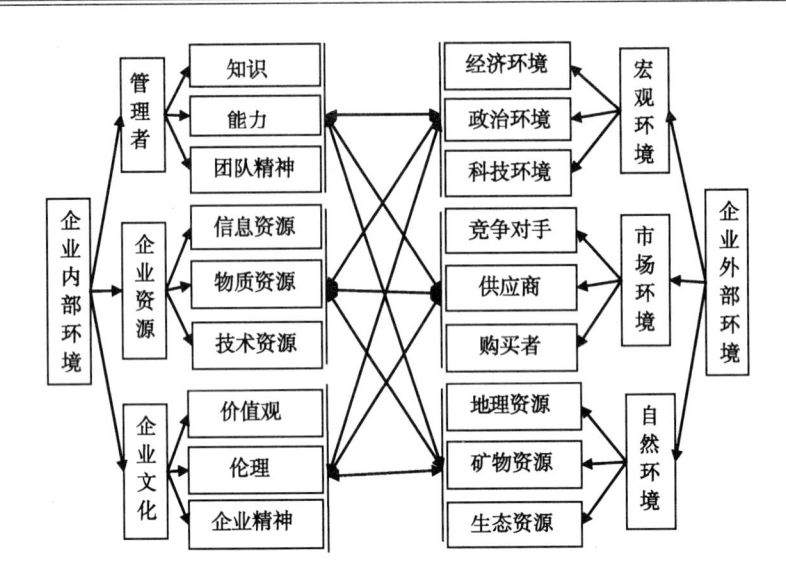

图 3－4　企业环境各要素图

资料来源：赵锡斌：《企业环境分析与调适——理论与方法》，中国社会科学出版社 2007 年版，第 178 页。

系统以及自然环境系统子系统。

第二节　企业环境供给的内涵及维度的划分

在对环境供给的维度划分前先让我们来看一下供给理论。供给理论学派是 20 世纪 70 年代在美国兴起的一个经济学流派。该学派强调经济的供给方面，认为需求会自动适应供给的变化，因而得名。该学派认为，生产的增长决定于劳动力和资本等生产要素的供给和有效利用。个人和企业提供生产要素及从事经营活动是为了谋取报酬，对报酬的刺激能够影响人们的经济行为，自由市场会自动调节生产要素的供给和利用，应当消除阻碍市场调节的因素。

"供给管理"与经济学理论框架中的"需求管理"形成一对概念。后者强调的是从需求角度实施扩张或收缩的宏观调控，而前者则不然。在凯恩斯主义的"需求管理"概念大行其道几十年之后，主要是在 20 世纪 80 年代"里根经济学"时期有过一段"供给学派"为人们所重视的经历，其所依托的是并不太成体系的供给经济学（Supply －, Side Economics），也并非是强调政府在有效供给形成和结构优化方面的能动作用，而是强调税收中性和减税等减少干预、使经济自身增加供给的原则。

由此，我们来看下文对企业环境供给的认识。我们都熟知在自然界中，环境是生物有机体周围一切的总和，包括空间和其中所有能直接或间接影响生物有机体的因素。我们靠环境供给的一切生活着。试想一下，一旦大自然停止了原料的供给，我们的生活就会变得十分困难，人类就会失去生存条件，所以说"破坏环境就是破坏人类自身的生存基础"。对企业而言亦是同样的道理，如果企业的环境供给不到位或短缺的话，那么企业也会失去其生存的条件。所以，对企业环境供给方面的研究就显得极为重要。那么，企业应该怎样在环境供给上面做努力呢？邓肯（Duncan, 1972）[1]认为企业环境的动态性是各个环境因素随着时间因素变化的程度，并通过环境变化的幅度这个维度来对环境的动态性进行测量。德斯和贝德（Dess & Beard, 1984）[2]把环境的变动因素分为环境变化的速度和幅度，通过环境变化的速度和幅度这两个维度的大小来考察环境变动的激烈及剧烈程度。沃尔贝德（Volberda, 1998）[3]把环境的变动情况通过环境变动的频率和密度这两个维度来进行测度。洛桑和萨尔特（Laursen & Salter, 2006）[4]也认为，企业环境开放式创新程度即环境的开放度可以从开放的广度和深度两个方面来衡量，并认为开放的广度指企业向外部组织开放合作的组织类型的个数，即开放的范围；开放的深度指企业与外部其他

---

[1] Duncan R. B. (1972), Characteristics of Organizational Environments and Perceived Environmental Uncertainty, *Administrative Science Quarterly*, Vol. 17, No. 3.

[2] Dess G. G., & Beard D. W. (1984), Dimensions of Organizational Task Environments, *Administrative Science Quarterly*, 29 (1): pp. 52 – 73.

[3] Volberda H. W., Building the Flexible Firm: How to Remain Competitive, *Oxford: Oxford University Press*, 1998.

[4] Laursen K., & Salter A., Open for Innovation: The Role of Openness in Explaining Innovation Performance Among UK Manufacturing Firms, *Strategic Management Journal*, 2006, 27 (2), pp. 131 – 150.

组织合作的频率，即企业在经营过程中对外部资源的利用程度。唐国华（2010）[1]也把企业环境的开发度划分为开发的广度和深度，并通过建模实证的研究方法收集了两百多个样本数据分析讨论了开放度与企业绩效的关系问题。

所以，我们主要是从环境的供给速度、供给广度和供给深度来考察企业的环境供给的。

第三节　环境系统的内涵及维度划分

根据第一节所述的对于环境系统的不同划分方法与种类，本书在这里还是赞同并采用了赵锡斌（2007）[2]对企业环境划分维度的观点，将企业环境分为内部环境和外部环境两个子概念。并把企业环境系统划分为宏观环境系统子系统，市场环境系统子系统，企业内部环境系统子系统以及自然环境系统子系统。由于本书第一章对本书的研究范围作了说明，所以自然环境子系统不在本书的研究范围内。因此，根据本书研究内容的侧重点与方向并结合赵锡斌的环境划分观点对这余下的三个环境子系统做进一步的维度划分。

一　宏观环境子系统的内涵及维度的划分

宏观环境对于企业的影响内容极具广泛性，而且其变化也极其迅速，基于宏观环境的这些特点决定了它具有如下的一些特性。首先，宏观环境具有复杂性。原因是影响企业宏观环境的因素是多样的，它可以是政治的、经济的、文化的，也可以是技术的，还可以是这些因素的综合体。其次，宏观环境具有动态性。任何物体都是运动的，静止只是相对的，宏观环境也是一样，它既有相对稳定期，又有渐进变化期，还有突然变化期等。所以，对于宏观环境一方面需要企业去适

---

[1] 唐国华：《不确定环境下企业开放式技术创新战略研究》，武汉大学博士学位论文，2010年，第84页。

[2] 赵锡斌：《企业环境分析与调试——理论与方法》，中国社会科学出版社2007年版，第178页。

应,另一方面企业也可以通过积极的环境管理策略影响环境,但对于现今许多战略学家所持的观点来看,适应是主流,企业只有在适应的基础上才能改造外部的宏观环境,并且认为企业对宏观环境的改造只能是局部的。

具体来说,企业宏观环境又可分为政治环境、社会文化环境、经济环境、科技环境等。在迈克尔·A. 希特(Michael A. Hitt)所著的《战略管理——竞争与全球化》[①] 一书中就把企业的外部环境分为宏观环境、行业环境与竞争环境。宏观环境又可细分为人口环境、经济环境、法律政治环境、社会文化环境、技术环境和全球大环境6大方面。

政治法律环境是指一个国家或地区的政治制度、体制、方针政策、法律法规等方面。这些因素常常制约、影响着企业的日常经营行为,尤其对企业的长期的发展有着重要的影响。

政治和法律环境被看作保障企业生产经营活动的基本条件。在一个稳定的法制环境中,企业能够真正通过公平竞争,获得自己正当的权益,并得以长期、稳定地发展。国家的政策法规对企业的生产经营活动具有控制与调节作用。

J. E. Schrempp(1999)[②] 认为经济环境指的是一个企业所属的或可能会参与其中竞争的经济体的经济特征和发展方向。经济发展状况能够准确呈现一个国家经济发展的总体水平,其内容主要是经济总量、经济结构、经济速度、经济效益和经济特征。一个国家的经济发展水平决定了该国企业发展的程度。从总体上来讲,经济环境对企业的影响则更直接且具体。从企业的视角分析,经济环境对企业的影响因素可以分为经济发展状况、消费状况、投资状况、对外贸易状况等。

社会文化方面的因素和一个社会的态度和价值有关。态度和价值是构建社会的基石,它通常是人口、经济、法律政策和技术条件形成

---

① 迈克尔·A. 希特:《战略管理——竞争与全球化》,吕巍译,机械工业出版社2005年版,第47—60页。

② J. E. Schrempp, 1999, The Word in 1999, Neighbours Across the Pond, *The Economist Publications*, p. 28.

和变化的动力。乔治·威尔（George Will, 1999）① 在描述社会文化的影响时说，一个国家的文化对它的社会特征和社会健康起着重要的作用。因此，企业要想提供符合顾客需求的产品和服务，必须了解社会态度和价值及其意义。社会文化主要包括社会道德风尚、文化传统、文化教育状况、人口及人均收入水平等。社会文化因素决定了人们的价值观、士气、风俗习惯。杜少平（1989）② 认为各种社会环境因素都会对生产和消费产生不同的作用，从而影响企业的经营管理行为。因此，企业必须从人口因素、文化因素、社会物质因素这三个社会文化环境的主要因素入手进行分析，才能较全面地反映社会文化环境因素对企业生产经营的影响。

技术进步的深度和广度影响到社会的许多方面，它的影响主要来源于新的产品、新的流程和新材料。技术方面的环境因素包括所有参与创造新知识以及将新知识转化成新的产出、产品、流程和材料的组织机构和行为。宋小明（1999）③ 就发现技术的发展步伐越来越快，企业迅速彻底地研究技术环境的因素很有必要。最先导入新技术的企业通常能获得更高的市场份额和更高的回报。因此，企业高层们必须时刻关注外部技术环境的变化，并发现可能给企业带来竞争利益的新技术的出现。所以，技术环境对当今的企业可以说影响到企业的方方面面，因而在技术进步加速的今天，企业不可以忽视技术的影响，如果没有技术的发展，企业发展就会失去希望。随着世界科技进步的加快，产品更新、产业演变的速度也将越来越快，技术环境要素对企业的影响将越来越重要。

通过以上研究，本文按照赵锡斌（2007）的环境划分方法把企业的宏观环境划分为企业的经济环境、政治环境、科技环境等几个方面。

---

① G. F. Will, 1999, *The Primacy of Culture*, Newsweek, January 19, p. 64.
② 杜少平：《社会文化环境与企业管理》，经营与管理出版社1989年版，第37—38页。
③ X. M. Song, C. A. Di Benedetto, &Y. L. Zhao, 1999, Pioneering Advantages in Manufacturing and Service Industries, *Strategic Management Journal*, 20, pp. 811 – 836.

二 市场环境子系统的内涵及维度的划分

莫桑吉（V. F. Misangyl, 2006）认为市场环境即行业环境，它与宏观环境相比，对企业的战略竞争和超额利润的影响更为直接。① 行业（industry）是由一组生产非常接近并可以相互替代的产品的企业组成。② 行业环境即此类企业所处的环境。根据波特的五力模型，行业的竞争强度和利润可以由5个方面的竞争力所决定：新进入者的威胁、供方力量、买方力量、替代品，以及当前竞争对手间的竞争的激烈程度。

由于波特的五力模型是站在企业的角度分析企业的外部竞争强度，所以我们站在企业自身市场环境的角度选取其中三个要素作为本文的研究内容，即竞争对手、供应商与购买者。这也和赵锡斌（2007）对企业市场环境维度的划分一致。下面就以上选取的这三点市场环境维度作进一步的讨论分析。

根据波特的五力模型，现有竞争对手之间的竞争会因为一个行业或市场内的企业相互制约，企业的行为通常会引发竞争反应所带来的影响。在许多行业，企业都会积极地展开相互之间的竞争。影响企业竞争强度的因素主要有：大量均衡的竞争对手、行业本身增长缓慢、高额固定成本或库存成本、缺少差异化或低转化成本、高额战略利益和高退出壁垒等。杜特（S. Dutta, 2005）认为如果企业受到来自竞争对手的挑战，或者认识到一个显著的改善其市场地位的机会，相互之间的竞争就会开始或加剧。同行业中的企业很少有完全相同的，它们在资源和能力方面各有不同，并努力使自己与竞争对手不同。③ 因此，企业会在顾客认为有价值的方面努力使自己的产品与竞争对手的有所不同，并以此获得竞争优势。一般来说，竞争都会在价格、服务

---

① V. F. Misangyl, H. Elms, T. Greckhamer, & J. A. Lepine, A New Perspective on a Fundamental Debate: A Multilevel Approach to Industry, Corporate, and Business Unit Effects, *Strategic Management Journal*, 2006, 27: pp. 571–590.

② 迈克尔·A. 希特：《战略管理——竞争与全球化（概念）》，吕魏译，机械工业出版社2009年版，第46页。

③ S. Dutta, O. Narasimhan, & S. Rajiv, Conceptualizing and Measuring Capabilities: Methodology and Empirical Application, *Strategic Management Journal*, 2005, 26: pp. 277–285.

和创新等维度进行。所以企业在与竞争对手的竞争中获得或创造有利的环境供给,就能使企业在竞争中获得竞争优势。因此,本书选取竞争对手这个维度作为本书的研究要素之一。

购买者总是希望用尽可能低的价格购买他们最新颖的产品。在这个价格上,供方行业或企业能够获得可接受的最低投资回报率。为了降低成本,买方通常会讨价还价,要求更高的质量,更好的服务以及更低的价格。市场内的企业间的竞争也会使买方获利。因此,企业如何管理好自身购买者环境,为企业提供一个良好的购买环境的供给对企业自身的经营与发展都会起到一个很大的保障作用。

供应商也是纳入本文研究中来的一个重要要素。供应商可能会通过提高价格或降低质量来战胜行业内竞争者。如果企业无法通过自身价格结构消化来自供应商的成本增长,它的利润就会由于供应商的行为而降低。因此,企业对供应商环境的管理也十分重要,如何在保证供货质量的前提下提高供应商的稳定性与降低供货价格,对企业来说直接关乎企业获利的程度。所以本书把供应商环境供给也纳入到企业市场环境供给的要素中来作为其中的一个维度。

三 企业内部环境子系统的内涵及维度的划分

关于企业内部环境的界定与划分,虽然很多学者都提出了内部环境的界定,但都没有对内部环境作明确的定义。如琼斯(Greth A. Jones,2000)[①]说:"内部环境包括企业中来源于企业组织结构与文化的各种力量。"达夫特(Daft,2000)[②]也说:"企业的组织中还有内部环境,它是由那些处于组织内部的要素构成的。"

乔治(George A. Steiner,1997)[③]建立了一个企业内部环境的利益相关方来分析企业内部环境,把雇员、经理、所有者、董事会作为

[①] 加雷思·琼斯:《当代管理学》,人民邮电出版社2003年版,第52—53页。

[②] 理查德·L. 达夫特:《管理学》(第五版),韩经纶、韦福祥译,机械工业出版社2003年版,第69页。

[③] 乔治·诗蒂娜等:《企业、政府与社会》,张志强、王春香译,华夏出版社2002年版,第34页。

企业内部环境的要素进行分析。沃辛顿（2003）在《企业环境》一书中认为"企业内部环境的主要方面包括组织结构、功能和追求特定组织目标的方法"。① 克莱尔（Claire Capon，2004）② 把企业内部环境用一个组织的环境模型加以说明，在他的图中把内部环境分为人力资源管理、财务、运用管理、市场管理等几个方面的维度。国内学者刘延平（1995）③ 认为企业内部环境是一个综合的概念，它涉及企业内部生产、经营、产品销售、经营机制等各方面。

通过以上文献的分析可以得出，企业内部环境的要素在不同的学者看来有着不同的划分方法与维度。根据本文研究特点，在企业环境供给与企业绩效的影响关系问题上，本书采用的是赵锡斌（2007）④ 对企业内部环境的划分方法，即把企业内部划分为管理者、企业资源与企业文化这三个维度，具体内容包括企业的组织结构、生产与技术结构、财务及控制、人力资源、市场营销、研究与开发、企业文化等。

第四节　企业绩效评价系统的内涵及维度的划分

企业绩效一词至今还是一个比较宽广的概念，现在学术界对绩效的定义尚没有完全统一。目前，学术界普遍对绩效的解释或定义主要有三种观点：首先，是以坎贝尔（Campben，1993）等人认为的绩效行为观，认为绩效是与组织或目标有关的行为或行动。其次，是布伦塔尼（De Brentani，1989）⑤ 等认为的绩效结果观，认为绩效与工作或行为的结果密切相关。最后，是以布鲁梅西（Brumbrach，1988）为代表的绩效行为结果观，他们认为绩效是与行为和结果两个方面都密切相关，不仅只和

---

① 伊恩·沃辛顿：《企业环境》，徐磊、洪晓丽译，经济管理出版社2005年版，第13页。

② 克莱尔·克朋：《组织环境：内部组织与外部组织》，周海琴译，经济管理出版社2005年版，第235页。

③ 刘延平：《企业环境与国家竞争力》，载《辽宁大学学报》1995年第5期。

④ 赵锡斌：《企业环境分析与调试——理论与方法》，中国社会科学出版社2007年版，第75页。

⑤ De Brentani, U., "Success and Failure in New York Industrial Services", *Journal of Product Innovation Management*, 1989, pp. 239–258.

行为或只和结果单独相关。本书在这里也同意第三种观点，认为绩效与组织的行为和结果都有密切的关系。绩效必须通过组织或企业的行为与企业的目标实现的结果两个方面来衡量，这样也更符合企业的评价要求。

那么，企业绩效是企业管理研究过程中的重要且关键的研究变量，由图3-5我们可以知道，员工绩效是实体绩效的基础，而实体绩效是企业绩效的基础，所有企业绩效的评价是衡量一个企业经营好坏的最直接方法。根据现有的对企业绩效的评价研究的定义，可以认为企业绩效的评价是采用规范、科学的评价方法，对企业一定期限内的财物收益、偿债能力、抗风险能力、发展潜力等进行定量或定性分析，并作出客观、公正和准确的综合性评价。综合对企业绩效评价的特点，企业绩效的评价也分为三种：第一种是目标评价法。这种方法利用组织自身设置的各种目标作为衡量评价的标准来评价企业的绩效水平，运用这种方法有一定的局限性和缺乏一定的横向比较性；第二种是系统评价法。这种方法强调考虑多方面的绩效，寻找具有共性的绩效层面。这种方法也有一定的局限性，不能很好的反映出不同企业的差异性和不同绩效评价者或部门对于同一企业绩效评价的差异性；第三种是多重加权法。这种方法对不同绩效评价者或部门的看法赋予权重，最终反映出比较客观的评价结果。在本书中将以上三种衡量组织效力的基础理论方法运用到企业绩效的测量中便形成了多维结构的企业绩效评价方法。

企业的经营绩效是衡量企业竞争力的最重要的指标之一，一个企业有着良好的经营业绩就能够反映出该企业有着良好的经营模式、投资的环境和良好的政策支持。所以，绩效在企业经营管理上的重要地位毋庸置疑。但是我们应当注意的是，对于企业绩效的衡量至今还没有统一的标准，有的学者以投资报酬及获利率等财务指标作为衡量绩效的标准；也有的学者以生产力、员工满意度等定性指标来描述企业的绩效。因此，企业的绩效从理论与实际上来说是可以从多方面来衡量的。学者范恩和费瑞（Van de Ven & Ferry, 1980）[1] 就认为传统的财务绩效是研究者常用

---

[1] Ven de Ven, Andrew H. &Diane L. Ferry, *Measuring and Assessing Organizations*, NY: John Wiley & Sons, 1980.

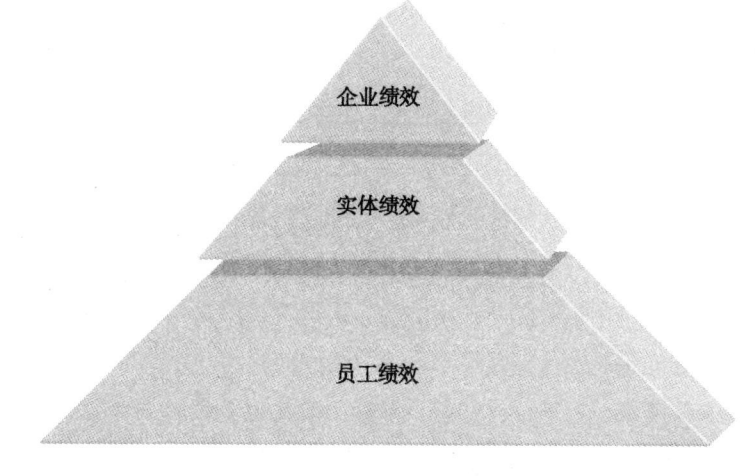

图 3-5 企业绩效关系图

来衡量企业经营绩效的指标，如投资回报率、营业额和利润，等等。范卡特里曼（Venkatraman, 1986）[①] 提出了企业组织绩效分类的一个新的理论模型，把企业绩效分为财物绩效和非财务绩效两个维度。并通过把以往所有企业绩效测量与评价方法的归纳与整理，把企业绩效分为主观评价与客观评价两个维度。斯里温和卡温（Slevin & Covin, 1995）通过对5家大型企业的调研发现并提出了企业绩效评价的11个主要维度指标，即人力资源、战略导向、沟通交流、质量管理、服务或产品、市场销售、顾客供应商关系、员工管理程度、企业组织结构、企业文化及竞争指标。墨菲、特拉和希尔（Murphy, Trailer & Hill, 1996）则通过对1987年到1993年间学者们对企业绩效相关的文献整理归纳后发现，其中被最常用于评价企业绩效维度的有三个指标，即生产效率、成长动力、利润水平分别占到了总数的30%、29%、26%。其中分别有75%、25%和6%采用客观指标、主观指标和主客观混合指标。而学者巴尼（Barney, 1991）[②] 则把企业绩效分成生存绩效和成功绩效来测量，这种观点认为企业持续健康的存在与发展是企业高生存绩效的标准。而企业持续

[①] Venkatraman N. &Ramanujam V., Measuring of Business Performance in Strategy Research: A Comparison of Approaches. *Academy of Management Review*, 1986 (11), pp. 801 – 814.

[②] Barney J. B., Film Resources and Sustained Competitive Advantage, *Journal of Management*, 1991, 17, pp. 99 – 120.

地为顾客与客户创造价值则是企业成功绩效的重要测量指标，我们这时就可以认为企业是成功的。安东尼克（Antonicic，2001）把企业绩效的衡量分为成长性指标和获利性指标，而成长性指标和获利性指标又分为相对成长性指标、相对获利性指标和绝对成长性指标、绝对获利性指标四个子指标。其中，相对成长性指标和相对获利性指标是用过去三年企业的市场份额增长率和企业相对竞争对手业绩表现两个客观和主观指标来衡量，绝对成长性指标和绝对获利性指标则是用企业过去三年员工的平均增长率与销售额的平均增长率和过去三年企业平均销售额回报率、平均资产回报率与平均股东权益回报率等这些指标来衡量。对于企业绩效的衡量一般来说无非两个方面指标，一个是企业的财物指标，即企业的营业额、利润率等，而另一个非财务指标的引入则对企业经营是否成功，对于企业真实绩效的反映也有着积极的作用。如贾宝强、罗志恒（2007）[1]通过对中国长春市的144家企业的调查研究发现，财务绩效和非财务绩效虽然有一定的内在联系，但是由于企业所处的环境多变的原因，财务绩效指标并不能完全很好地反映企业真实绩效的状况，而结合非财务绩效指标的测量则可以更好的对这个问题予以解决。

通过以上对相关理论文献的分析，本书结合财务指标和非财务指标这两个维度综合反映企业绩效的方法，设计这样几个问题来共同反映企业的绩效情况。如企业在行业内销售增长是否很快；在行业内本企业利润水平增长是否很快；在行业内本企业市场份额增长是否很快，以及员工对企业的满意程度等几个问题。

第五节　企业环境管理与企业绩效关系的理论模型

在前面章节分析的基础上，为了更加详细和具体地从企业环境供给的视角分析企业环境管理与企业绩效影响的各变量之间的相互关系，本节提出了一个概念模型，如图3-6所示。由于本模型涉及的维度较多，本节所列的概念模型没有把各维度的相关关系一一列出，

---

[1] 贾宝强：《公司创业视角下企业战略管理理论与实证研究》，吉林大学博士学位论文，2007年，第17页。

将在下一章中具体论述。

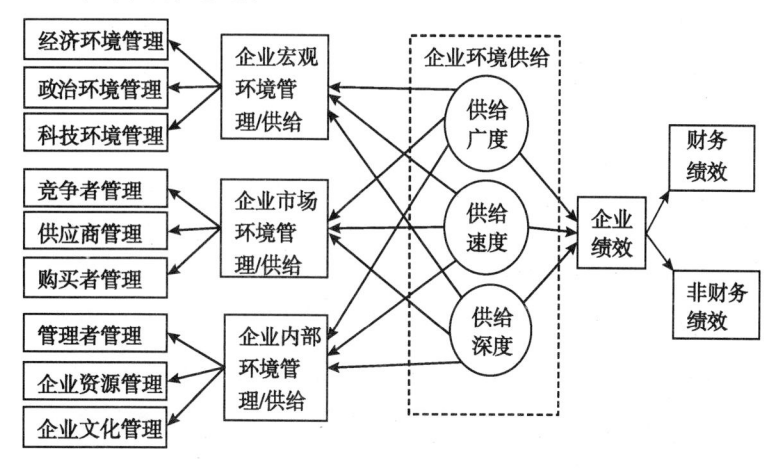

图 3-6　环境供给与绩效关系综合模型

在该模型中把企业对环境的管理与企业绩效通过企业环境供给这个中间变量融入到一个分析框架之中。其中企业宏观环境包括企业对政治环境的管理、经济环境的管理与科技环境的管理这三个维度；企业对市场环境的管理分为企业对供应商的管理、竞争者的管理与购买者的管理这三个维度；企业对企业内部环境的管理又由企业对管理者的管理、企业资源的管理与企业文化的管理这三个维度组成；企业绩效由财务绩效和非财务绩效两个维度构成。在该模型中，把企业环境供给又分为环境供给速度、供给广度和供给深度这三个维度指标，其中环境供给是自变量，企业绩效是因变量，环境供给速度、供给广度和供给深度又通过企业对宏观环境的管理、市场环境的管理与对企业内部环境的管理来测量，这样便构成了整个从企业环境供给视角下的企业环境管理对企业绩效影响的关联性综合模型。

第六节　本章小结

本章从环境的概念及内涵入手，逐步研究与分析了企业环境的一些相关概念及国内外不同学者对企业环境的不同分类方法，并对这些企业环境的分类方法做了一个简要的比较研究。在简要的比较研究的基础上，本书采用了赵锡斌对企业环境划分维度的观点，将企业环境分为内部环境和外部环境两个子概念。并把企业环境系统划分为宏观环境子系统，市场环境系统子系统，企业内部环境系统子系统以及自然环境系统子系统。

然后，在确认了企业环境研究的划分方法的基础上，对企业的宏观环境子系统、市场环境子系统、企业内部环境子系统一一进行了维度划分。企业宏观环境包括企业对政治环境的管理、经济环境的管理与科技环境的管理这三个维度；企业对市场环境的管理分为企业对供应商的管理、竞争者的管理与购买者的管理这三个维度；企业对企业内部环境的管理又由企业对管理者的管理、企业资源的管理与企业文化的管理这三个维度组成；企业绩效由财务绩效和非财务绩效两个维度构成。把企业环境供给又分为了环境供给速度、供给广度和供给深度这三个维度来进行测量。

在本章的最后，通过分析、总结和概括对以上诸多要素、维度的确定与划分，提出了基于环境供给视角的企业环境管理对企业绩效的影响的关联性模型。

第四章

理论模型假设的提出

在第三章中本书分析界定了企业环境的相关概念，分析了宏观环境子环境、市场环境子环境、企业内部环境子环境、企业绩效及在企业环境供给视角下的一些重要的要素的内涵及研究维度的划分与确定，并依据企业对环境的管理方式与策略产生企业自身的环境新供给进而影响企业绩效的这个研究路径，提出了要素之间关系的概念模型（见图 4-1）。因此，本章将在之前章节理论推导和企业环境各要素分析与维度划分的基础上提出基于概念模型的一般理论假设。

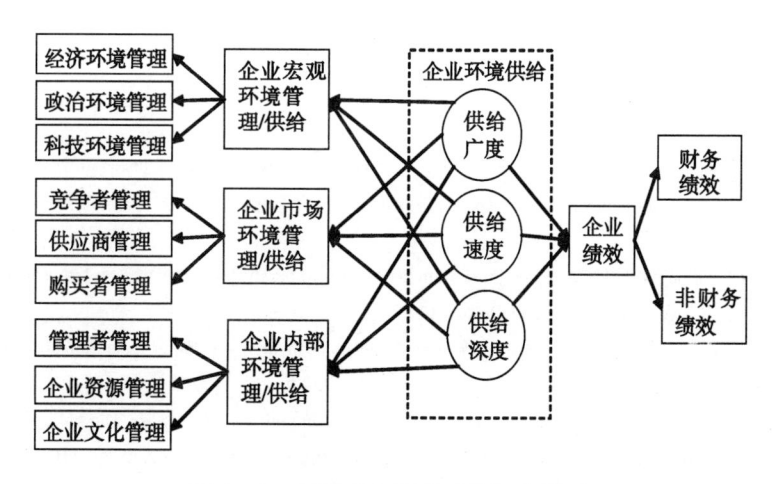

图 4-1 各要素之间关系的概念模型

第一节　企业环境供给与企业绩效相互关系的基本假设

普希姆（Priem，2002）①认为环境对企业的影响是许多组织理论中的核心概念。柯斯夫（Chesbrough，2003）②认为在企业外部环境处在频繁变动时，企业要想赢得比其他企业更多的利润和竞争优势，必须依靠企业自身的反应速度，迅速使用新技术等。艾森哈特（Eisenhardt，1998）③认为企业必须持续保持对环境的创新，即提供持续的新环境的供给才能使企业维持自身的竞争优势。林达夫和福里蔓（Rindova & Fombrun，1999）④强调了企业的社会环境包括社会认知程度对企业竞争优势的作用，即这种社会环境是如何影响企业战略进而影响企业绩效的作用。阿里斯通和布鲁汉（Ahlstrom & Bruton，2001）⑤通过研究发现，中国的企业常通过多种方式为自己赢取有利的环境供给，其中包括通过慈善捐款、行业联盟与建立行业协会、企业与政府间建立的正式与非正式的沟通联系等方式。林汉川、夏敏仁和何洁（2003）⑥对我国中小企业的发展与成长问题进行了研究，认为企业经营环境的好坏对于中小企业的发展影响巨大。如何使中小企业获得良好的经营环境供给对于中小企业获得长期的绩效问题有着至关重要的作用。

---

① Priem R. L., Love L. G., Shaffer M. A., Executives' perceptions of uncertainty sources: A numerical taxonomy and underlying dimensions, *Journal of Management*, 2002, 28 (6), pp. 725 – 746.

② Chesbrough H. W., Open innovation, the new imperative for creating and profiting from technology, *Harvard Business School Press*, 2003.

③ Eisenhardt K. M., Making fast strategic decisions in high – velocity environments, *Academy of Management Journal*, 1989, 32 (3), pp. 543 – 577.

④ Rindova, V., & Fombrun, C, Construction competitive advantage: The role of firm – constituent interactions, *Strategic Management Journal*, 1999, 20 (8), pp. 691 – 710.

⑤ Ahlstrom, D., & Bruton, G., Learning from successful local private firms in China: Establishing legitimacy, *Academy of Management Executive*, 2001, 15 (4), pp. 72 – 83.

⑥ 林汉川、夏敏仁、何洁等：《中小企业发展中面临问题》，中国社会科学出版社2003年版，第84—94页。

麦尔（Meyer，1982）[①]通过实证的方法证明，企业外部环境发生了不利于企业发展的变化时，企业可以通过自身对不利环境的有效管理提供更好的环境供给（如战略的变更等），能减轻不利环境对企业的危害，甚至企业能发现环境中的机遇，使企业获得绩效的改善和核心竞争力的提升。康乃尔（Connell，2000）也指出，企业内部环境中的人类资源环境的可持续供给对于企业的长期绩效有着非常重要的作用。班纳（Pena，2002）[②]采用理论研究与定性研究的方法，以创新型企业为研究样本分析了企业内部环境中人力资源环境的供给对创新性企业绩效的关联和影响程度。结果表明，企业内部环境中人力资源环境的供给、企业快速适应环境变化的能力和实施新战略的能力（即环境供给速度）和生产性企业网络的建立发展和与利益相关人建立战略关系的能力（即环境供给深度与广度问题）是企业发展的重要无形资源。它与企业绩效呈正相关。

邓泽宏和钟会兵（2004）[③]通过对美国"五月花号精神"的成功和俄罗斯经济转型的失败的案例研究，说明了企业的价值信念、道德、习惯等社会环境因素的供给在企业获取竞争优势提高绩效中所发挥的重要作用。劳伦和萨尔德（Laursen & Salter，2006）[④]以英国制造行业为样本，分析了企业技术环境创新程度对企业绩效的影响，研究发现技术环境的创新（即通过对技术环境的创新管理产生新的技术环境供给）对企业的绩效在一定程度上存在正向影响。国内学者陈钰芬和陈劲（2008）[⑤]借鉴了 Laursen 等外国学者的研究方法，以我国浙江企业为样本进行研究，也发现了类似的研究结果。

[①] Meyer A. D., Adapting to Environment Joints, *Administrative Science Quarterly*, 1982(27), pp. 515 – 537.

[②] Pena, Intellectual capital and business start – up success, *Journal of Intellectual capital*, 2002, 3 (2).

[③] 邓泽宏、钟会兵：《试论规制建设与中小企业发展问题》，《江汉论坛》2004年第9期。

[④] Laursen K., & Salter A., Open for innovation: The role of openness in explaining innovation performance among UK manufacturing firms, *Strategic Management Journal*, 27 (2), pp. 131 – 150.

[⑤] 陈钰芬、陈劲：《开放式创新：机理与模式》，科学出版社2008年版，第54页。

根据以上理论，本书从企业环境供给与绩效、企业环境供给广度、企业环境供给深度和企业环境供给速度这四个方面提出以下假设：

1. 企业环境供给与企业绩效关系假设

H1. 企业环境供给与企业绩效之间呈正向影响。

具体假设为：

H11. 企业环境供给速度与企业绩效呈正向影响。

H12. 企业环境供给广度与企业绩效呈正向影响。

H13. 企业环境供给深度与企业绩效呈正向影响。

2. 企业环境供给广度的基本假设

H2. 企业是否积极关注自身外部市场环境的管理程度与企业环境供给广度呈正向相关。

具体假设为：

H21. 企业是否积极关注行业间竞争者的竞争管理与企业环境供给广度呈正向相关。

H22. 企业是否积极关注上游供应商的管理与企业环境供给广度呈正向相关。

H23. 企业是否积极关注下游购买者的管理与企业环境供给广度呈正向相关。

H3. 企业是否积极关注自身内部环境管理与企业环境供给广度呈正向相关。

具体假设为：

H31. 企业是否积极关注内部管理者的管理与企业环境供给广度呈正向相关。

H32. 企业是否积极关注自身资源的管理和利用与企业环境供给广度呈正向相关。

H33. 企业是否积极关注自身企业文化的管理与企业环境供给广度呈正向相关。

H4. 企业是否积极关注自身外部宏观环境管理与企业环境供给广度呈正向相关。

具体假设为：

H41. 企业是否积极关注自身外部经济环境的管理程度与企业环境供给广度呈正向相关。

H42. 企业是否积极关注自身外部政治环境的管理程度与企业环境供给广度呈正向相关。

H43. 企业是否积极关注自身内外部技术环境的管理程度与企业环境供给广度呈正向相关。

3. 企业环境供给深度的基本假设

H5. 企业对自身外部市场环境的管理程度与企业环境供给深度呈正向相关。

具体假设为：

H51. 企业对行业间竞争者的管理程度与企业环境供给深度呈正向相关。

H52. 企业对上游供应商的管理程度与企业环境供给深度呈正向相关。

H53. 企业对下游购买者的管理程度与企业环境供给深度呈正向相关。

H6. 企业对自身内部环境管理程度与企业环境供给深度呈正向相关。

具体假设为：

H61. 企业对内部管理者的管理程度与企业环境供给深度呈正向相关。

H62. 企业对自身资源的管理与利用程度与企业环境供给深度呈正向相关。

H63. 企业对自身企业文化的管理程度与企业环境供给深度呈正向相关。

H7. 企业对自身外部宏观环境管理程度与企业环境供给深度呈正向相关。

具体假设为：

H71. 企业对自身外部经济环境的管理程度与企业环境供给深度呈正向相关。

H72. 企业对自身外部政治环境的管理程度与企业环境供给深度呈正向相关。

H73. 企业对自身内外部技术环境的管理程度与企业环境供给深度呈正向相关。

4. 企业环境供给速度的基本假设

H8. 企业对自身内外部环境关注、预警及响应程度与企业环境供给速度呈正向相关。

具体假设为：

H81. 企业对外部市场环境变化的响应程度与企业环境供给速度呈正向相关。

H82. 企业对自身内部环境变化的响应程度与企业环境供给速度呈正向相关。

H83. 企业对宏观环境变化的响应程度与企业环境供给速度呈正向相关。

第二节 企业环境供给与企业绩效相互关系的研究设计

一 主要研究变量与问卷设计

关于问卷题项的设计的问题，下面将对概念模型中所涉及的变量的度量进行说明，即具体说明问卷中用什么样的题项来测度变量，这些变量包括企业绩效、企业环境供给速度、企业环境供给广度、企业环境供给深度，以及相关的控制变量。

1. 企业环境供给广度

表 4-1　　　　　　企业环境供给广度的测量题项

构思变量	测量题项	题项依据
企业宏观环境供给广度	1. 企业是否积极关注所在国或地区的经济发展状况	根据文献总结设计
	2. 企业是否积极关注所在国或地区的实事情况	根据文献总结设计
	3. 企业是否积极关注产品的技术创新及行业内的技术进步情况	根据文献总结设计

续表

构思变量	测量题项	题项依据
企业市场环境供给广度	4. 企业是否积极关注同类竞争型企业的实时动态	根据文献总结设计
	5. 企业是否重视对原材料供应商的管理	根据文献总结设计
	6. 企业是否积极关注对消费者购买行为的变化及趋势	根据文献总结设计
企业内部环境供给广度	7. 企业是否重视对员工的培训与员工的职业规划	根据文献总结设计
	8. 企业是否重视对自身特有资源的有效利用与开发	根据文献总结设计
	9. 企业是否重视对自身特色文化的建设与宣传	根据文献总结设计

由于企业环境供给广度在现有文献中没有现有的量表作为依据，故这部分的问卷设计主要是笔者根据企业环境理论和文献研究后总结而来。在问卷设计好后进行了问卷的试调查，发现应答者对其中的题项2和题项5的理解有歧义，故将这两项题项进行了修订，分别为：2. 企业是否积极关注所在国或地区的政治与法律法规的变化情况；5. 企业是否重视对原材料供应商的统一规范管理。测定企业环境供给广度时，如果企业在对相关环境供给的题项有过关注或重视的话（即企业关注相关环境供给的频率得分大于1），记为1，没有关注过（即企业从没有关注或重视相关环境的供给的频率得分等于1），则记为0，将得分相加即为企业环境供给的广度。

2. 企业环境供给速度

表4-2　　　　　　　企业环境供给速度的测量题项

构思变量	测量题项	题项依据
企业环境供给速度	1. 企业对环境变化高度敏感和关注	赵锡斌课题量表
	2. 企业建立了环境变化的预警机制，能对环境变化做出一定的预测判断	赵锡斌课题量表
	3. 企业建立了环境变化的应急机制，能对环境变化做出及时响应	赵锡斌课题量表

通过第三章中对企业环境供给速度维度的确定，我们对企业环境供给速度要从企业的三个方面来考察，即企业对环境的关注程度、企业对环境的预测程度和对环境变化的响应程度。在测试题项中，被测

试者所勾选的选项越趋近于 7，表示企业对环境的感知能力、预测能力和应急响应能力越突出（即可以说明企业对环境供给的速度越快）。另外，通过与企业界专家进行讨论，对某些题项的用词作了修饰。具体的题项参见附录 1：调查问卷。

3. 企业环境供给深度

表 4-3　　　　　　企业环境供给深度的测量题项

构思变量	测量题项	题项依据
企业宏观环境供给深度	1. 企业通过对未来经济发展状况的分析，影响或改变企业的投资或贸易规划，创造有利于企业发展的环境	赵锡斌课题量表
	2. 企业通过与政府的沟通，影响或改变现有政策与法律法规等，创造有利于企业发展的环境	赵锡斌课题量表
	3. 企业通过技术、管理、组织等创新活动，产生了社会影响或示范效应，创造了有利于企业发展的环境	赵锡斌课题量表
企业市场环境供给深度	4. 企业通过与行业、中介组织等的沟通或结成联盟，创造有利于企业发展的环境	赵锡斌课题量表
	5. 企业通过建立与供应商、经销商等的合作关系，创造有利于企业发展的环境	赵锡斌课题量表
	6. 企业通过收购与兼并，创造有利于企业发展的环境	赵锡斌课题量表
	7. 企业建立同媒体、公众、社区等的良好关系，创造有利于企业发展的环境	赵锡斌课题量表
企业内部环境供给深度	8. 企业创建了有利于企业发展的企业文化	赵锡斌课题量表
	9. 企业注重管理团队、人际关系与工作方式变革，创造有利于企业发展的环境	赵锡斌课题量表
	10. 企业注重员工培训、学习与知识、信息的共享	赵锡斌课题量表

对于企业环境供给深度的测试题项及量表的设计，主要也是参照了赵锡斌的关于企业环境创新的课题中的量表。在具体测定企业环境供给深度时，调查问卷要求应答者对相关环境供给的程度进行打分。1 表示"完全不符合"，7 表示"完全符合"。从 1 到 7 表示对相关环境的供给逐渐增加。具体题项见附录 1 的相关部分。测定开放的深度时，如果企业在对相关环境的供给过程中的勾选项得分大于或等于 4，

记为 1；如果企业在对相关环境供给过程中的勾选项得分小于 4，则记为 0，把每个企业所得分数相加即为企业环境供给的深度。

4. 企业绩效

在第四章，本书已经构建了企业绩效评价的概念模型，并确定了测量技术创新绩效的具体指标。根据大多数学者的观点，本书用多重测评方法来测量技术创新绩效。主要采用的方式是与主要竞争性企业或目标企业的比较来进行的，这种方式也和一些学者的对于绩效采集方式与量表设计的观点相同，如 Sittimalakorn、Hart（2004）[1] 和 Menguc、Barker（2003）[2]。具体见表 4-4。

表 4-4　　　　　　　　技术创新绩效的测量题项

构思变量	测量题项	题项依据
企业绩效的测量与评估	1. 与同行业平均水平比，企业的利润率较高	Sittimalakorn& Hart（2004） Menguc& Barker（2003）
	2. 与同行业平均水平比，企业的资产回报率较高	Sittimalakorn& Hart（2004） Menguc& Barker（2003）
	3. 与同行业平均水平比，企业的投资收益率较高	Sittimalakorn& Hart（2004） Menguc& Barker（2003）
	4. 与同行业平均水平比，企业的市场份额与竞争力较高	Sittimalakorn& Hart（2004） Menguc& Barker（2003）
	5. 与同行业平均水平比，企业的技术创新能力较高	Sittimalakorn& Hart（2004） Menguc& Barker（2003）
	6. 与同行业平均水平比，企业的营销能力较高	Sittimalakorn& Hart（2004） Menguc& Barker（2003）
	7. 您在本企业工作的满意程度较高	Said, et al.（2003） Sale, Inmam（2003）

5. 控制变量

控制变量指对因变量产生重大影响，但又不在本书范围内的变量，理论上自变量和控制变量都是因变量的先行变量。自变量是我们所关心

---

[1] Sittimalakorn W., Hart S., Market Orientation Versus Quality Orientation: Sources of Superior Business Performance, *Journal of Strategic Marketing*, 2004 (12), pp. 243–253.

[2] Menguc B., Barker A T., The Performance Effecs of Outcome – based Incentive Pay Plans on Sales Organization: Acontextual Analysis, *Journal of Personal Selling & Sales Management*, 2003 (23), pp. 341–358.

的变量,而控制变量是我们不想要但不能完全消除的先行变量(陈晓萍、徐淑英和樊景立,2008)①。本书的控制变量为企业年龄、企业规模与企业性质。因为这些变量都对企业的环境供给程度与能力产生影响进而影响企业的绩效,但这些变量都不在本书的研究范围内。所以必须在研究中剥离掉这些变量对企业绩效的影响。也有其他类似研究将企业所处的地区、行业等作为控制变量。笔者与企业界专家进行讨论,考虑到本书样本获取渠道的局限性,样本数不大、地区比较集中,因此认为企业所处地区对企业绩效影响不大;由于样本本身数量的局限性,各行各业在样本中所占比例不多,因此认为企业所处行业对企业绩效影响不大;故本书的控制变量只选取企业年龄与企业规模。

企业规模是研究企业绩效的影响因素时常用的控制变量。本书受企业规模的控制,因为规模较大的企业比规模较小的企业可能拥有更多的资源,容许规模较大的企业支持与较大的资源投入,从而为企业提供更好的环境供给条件。某种程度上,大企业比小企业环境供给的先决条件更好。企业规模是影响企业环境供给不可或缺的重要因素。文献对企业规模大小的度量指标多种多样,归纳起来,使用频率最高的有三类:企业总资产、企业销售收入和企业员工人数。不同的度量标准反映了使用者特定的研究目的与研究维度。其中以"企业员工人数"作为划分企业规模的指标,具有简单、明了的特点,也与世界主要国家的通行做法一致,具有国际可比性。因此,本文用企业员工人数来测量企业的规模。

参照目前执行的国家经贸委等部门2003年联合公布的《中小企业标准暂行规定》②(国经贸中小企业〔2003〕143号),经适当修改,根据员工人数将企业规模分为5个水平,1表示员工人数在100人以下,2表示101—300人,3表示301—1000人,4表示1001—3000人,5表示3000人以上。

企业的环境供给还受到企业年龄的控制,因为年老的企业可能比年

---

① 陈晓萍、徐淑英、樊景立:《组织与管理研究的实证方法》,北京大学出版社2008年版,第67页。
② 《中小企业标准暂行规定》,2003年2月由国家经贸委、国家发改委等部门联合发布,文件号:国经贸中小企业〔2003〕143号。

轻的企业在环境供给上更有优势与经验。企业年龄通过企业生存的年数来测量。本书将企业年龄分为5个水平，1表示企业年龄不足2年，2表示企业年龄在2—5年，3表示企业年龄在6—10年，4表示企业年龄在11—15年，5表示企业年龄在15年以上。

表 4–5　　　　　　　　主要研究变量与问卷设计总结

变量类型	一级指标	二级指标	三级指标	对应题项
自变量	企业环境供给	企业环境供给速度	宏观环境变化的响应速度	环境认识程度	Env–Spe1
			市场环境变化的响应速度	环境监测与预警机制	Env–Spe2
			企业内部环境变化的响应速度	快速反应机制	Env–Spe3
		企业环境供给广度	企业参与自身外部宏观环境管理的积极程度	是否积极参与经济环境管理	MacEnv–Bre1
				是否积极参与科技环境管理	MacEnv–Bre2
				是否积极参与政治环境管理	MacEnv–Bre3
			企业参与自身外部市场环境管理的积极程度	是否积极参与竞争者管理	MarEnv–Bre1
				是否积极参与供应商的管理	MarEnv–Bre2
				是否积极参与购买者管理	MarEnv–Bre3
			企业参与自身内部环境管理的积极程度	是否积极参与管理者管理	IntEnv–Bre1
				是否积极参与企业资源管理	IntEnv–Bre 2
				是否积极参与企业文化管理	IntEnv–Bre 3

续表

变量类型	一级指标	二级指标	三级指标	对应题项
自变量	企业环境供给	企业环境供给深度	经济环境管理程度	MarEnv – Bre1
			科技环境管理程度	MarEnv – Bre2
			政治环境管理程度	MarEnv – Bre3
		企业对自身外部市场环境管理的程度	竞争者管理程度	MarEnv – Dep1 MarEnv – Dep2
			供应商的管理程度	MarEnv – Dep3
			购买者管理程度	MarEnv – Dep4
		企业对自身内部环境管理的程度	管理者管理程度	IntEnv – Dep1
			企业资源管理程度	IntEnv – Dep2
			企业文化管理程度	IntEnv – Dep1
因变量	控制变量	企业财务绩效	企业利润率	Ent – Per1
			资产回报率	Ent – Per2
			投资收益率	Ent – Per3、4
			市场份额	Ent – Per5、6
		企业非财务绩效	员工满意度	Ent – Per7
控制变量	企业年龄	企业经营年限		Year
	企业规模	企业员工人数		Scale

二 研究假设汇总

基于以上对企业环境理论模型的分析与讨论，在提出了研究假设和问卷变量设计的基础上对企业环境供给视角下的企业环境管理对绩效的影响研究的假设进行一个总结（见表4-6）。

表4-6　　　　　　　　本章假设汇总

假设编号	假设内容
H1	企业环境供给与企业绩效之间呈正向影响
H11	企业环境供给速度与企业绩效呈正向影响
H12	企业环境供给广度与企业绩效呈正向影响
H13	企业环境供给深度与企业绩效呈正向影响
H2	企业是否积极关注自身外部市场环境的管理与企业环境供给广度呈正向相关
H21	企业是否积极关注行业间竞争者的竞争管理与企业环境供给广度呈正向相关

续表

假设编号	假设内容
H22	企业是否积极关注上游供应商的管理与企业环境供给广度呈正向相关
H23	企业是否积极关注下游购买者的管理与企业环境供给广度呈正向相关
H3	企业是否积极关注自身内部环境管理与企业环境供给广度呈正向相关
H31	企业是否积极关注内部管理者的管理与企业环境供给广度呈正向相关
H32	企业是否积极关注自身资源的管理和利用与企业环境供给广度呈正向相关
H33	企业是否积极关注自身企业文化的管理与企业环境供给广度呈正向相关
H4	企业是否积极关注自身外部宏观环境管理与企业环境供给广度呈正向相关
H41	企业是否积极关注自身外部经济环境的管理与企业环境供给广度呈正向相关
H42	企业是否积极关注自身外部政治环境的管理程度与企业环境供给广度呈正向相关
H43	企业是否积极关注自身内外部技术环境的管理程度与企业环境供给广度呈正向相关
H5	企业对自身外部市场环境的管理程度与企业环境供给深度呈正向相关
H51	企业对行业间竞争者的管理程度与企业环境供给深度呈正向相关
H52	企业对上游供应商的管理程度与企业环境供给深度呈正向相关
H53	企业对下游购买者的管理程度与企业环境供给深度呈正向相关
H6	企业对自身内部环境管理程度与企业环境供给深度呈正向相关
H61	企业对内部管理者的管理程度与企业环境供给深度呈正向相关
H62	企业对自身资源的管理与利用程度与企业环境供给深度呈正向相关
H63	企业对自身企业文化的管理程度与企业环境供给深度呈正向相关
H7	企业对自身外部宏观环境管理程度与企业环境供给深度呈正向相关
H71	企业对自身外部经济环境的管理程度与企业环境供给深度呈正向相关
H72	企业对自身外部政治环境的管理程度与企业环境供给深度呈正向相关
H73	企业对自身内外部技术环境的管理程度与企业环境供给深度呈正向相关
H8	企业对自身内外部环境关注、预警与响应程度与企业环境供给速度呈正相关
H81	企业对外部市场环境变化的响应程度与企业环境供给速度呈正向相关
H82	企业对自身内部环境变化的响应程度与企业环境供给速度呈正向相关
H83	企业对宏观环境变化的响应程度与企业环境供给速度呈正向相关

第三节 本章小结

针对本书研究的问题，本章构建了相关的概念模型，并提出了相关的研究假设，确定了总体研究框架和总体研究框架下的研究思路。

首先根据理论分析与访谈结果推演出企业对宏观、市场及内部环境的管理与企业环境供给速度、广度、深度及企业绩效三者之间关系的概念模型。在明确企业环境的理论基础、概念内涵与分析维度的前提下，探讨了企业环境管理对企业环境供给及企业绩效产生的影响，并提出如下假设：H1. 企业环境供给与企业绩效之间呈正向影响。H2. 企业是否积极关注自身外部市场环境的管理与企业环境供给广度呈正向相关。H3. 企业是否积极关注自身内部环境管理与企业环境供给广度呈正向相关。H4. 企业是否积极关注自身外部宏观环境管理与企业环境供给广度呈正向相关。H5. 企业对自身外部市场环境的管理程度与企业环境供给深度呈正向相关。H6. 企业对自身内部环境管理程度与企业环境供给深度呈正向相关。H7. 企业对自身外部宏观环境管理程度与企业环境供给深度呈正向相关。H8. 企业对自身内外部环境关注、预警与响应程度与企业环境供给速度呈正相关。

至于这些假设是否成立，尚有待下一章的实证检验。

第五章

实证分析

在本章中将通过对全国不同地区的不同行业和类型企业进行实地调研和填写问卷（实地调研的主要企业集中在湖北、江西、湖南等省）。通过实地调研和问卷填写收集一手数据，利用常用的实证分析方法及 SPSS17.0 和 AMOS17.0 等分析软件对前面所提出的理论假设进行检验。实证分析与研究主要分为以下几个部分来具体论述。首先，详细介绍了有关问卷设计、调研企业样本的选取、调研企业的基本信息与数据收集的相关基本情况。其次，研究方法的确定，以机构方程模型作为研究主要方法。再次，对问卷中所收集到的数据进行初步的数据分析，包括数据的描述性分析、变量的度量、模型信度与内容效度的检验分析、模型的拟合度检验等。最后一部分为本章小结，对第五章实证分析研究做一个综合的相关总结。

第一节 问卷设计与数据收集

一 问卷设计

问卷调查法是一种目前广泛运用于科学研究中的用于采集数据的普遍方法，它最重要的优点就是简单、方便，能根据研究内容的需要加以灵活的变化，为研究者获得研究所需的第一手翔实可靠的数据提供可靠的保证。美国学者德威利斯（2004）[①]就认为"无论最初的动机是什么，每一个科学领域的发展都有自身的一套测量程序。在社会行为科学领域，具有代表性的是，所用的测量程序都是问卷调查"。萨拉和卡温（Zahra & Covin，1993）[②]也认为使用调查问卷收集有关竞争企业战略的相关资料，在战略管理文献中是非常普遍的现象。由于本文所需的数据无法完整、可信地从公开资料中获得，因此采取了问卷调查的方式进行数据的采集。

在很大程度上，所收集的数据的有效性和可靠性以及应答率取决于问题的设计、问卷的结构和预测时的严谨程度（桑德斯，2004）[③]。而问卷项目的总体安排、内容和量表的构成又取决于研究目的和理论依据（王重鸣，1990）[④]。一般来说，问卷的基本结构包括以下部分：封面信、指导语、问题及答案、其他资料等（袁方，1997[⑤]；李怀祖，2004[⑥]）。

因此，为保证问卷内容能为各部分研究内容提供所需的有效数据，根据本文研究的目的、研究的基本问题及其子问题，本问卷的结构主要包括三部分内容（详见附录）：一是封面说明信，简要说明本调查的目的与意义，并承诺本调查仅供学术之用。蒂尔曼（Dillman[⑦]，2000）等人的研究表明，自填式问卷中的说明信会影响应答率。二是填答提示，告诉被调查者如何正确地填写问卷。三是问题和答案，这是问卷的主体部分，包括企业基本信息、本文的核心变量，即企业环境供给速度的测量、企业环境供给广度的测量、企业环

[①] [美]罗伯特·F. 德威利斯：《量表编制：理论与应用》，魏永刚等译，重庆大学出版社2004年版，第5页。

[②] Zahra S. A., & Covin J. G. (1993), Business Strategy, Technology Policy and Firm Performance, *Strategic Management Journal*, 14 (6), pp. 451 – 478.

[③] [美]马克·桑德斯等：《研究方法教程》，杨晓燕等译，中国商务出版社2004年版，第93页。

[④] 王重鸣：《心理学研究法》，人民教育出版社1990年版，第77页。

[⑤] 袁方主：《社会研究方法教程》，北京大学出版社1997年版，第211页。

[⑥] 李怀祖：《管理研究方法论》，西安交通大学出版社2004年版，第87页。

[⑦] Dillman D. A., *Mail and Internet surveys: The total design method*, New York, Wiley, 2000.

境供给深度的测量、企业绩效评估等。每一个项目的测量变量均采用李克特（Liket Scale）7分量表的尺度来评估，从完全不符合到完全符合。最低赋值1分，最高赋值7分；并且为最低赋值（1分）和最高赋值（7分）分别配以相应的描述性语句，以帮助被调查者准确回答。

测量问卷每个问题的设计都必须符合所要收集数据的要求。在设计每个问题时，研究者要做以下三件事：一是采用其他问卷使用过的问题；二是修改其他问卷中用过的问题；三是形成自己的问题（桑德斯，2004）。本文在设计调查问卷的问题时，将这三种方法结合起来：既保留其他问卷使用过的问题，也修改其他问卷中用过的问题，同时根据自身研究的需要，提出自己的问题。

在设计测量问卷的过程中，一般应采取以下流程进行开发：（1）问卷题项通过文献回顾和与企业界的经验调查/访谈形成；（2）与学术界专家讨论；（3）与企业界专家讨论；（4）通过预测试对题项进行纯化（Churchill, 1979; Dunn, Seaker & Waller, 1994）（转引自李大元，2008[①]）。依此建议，本文的问卷设计经历了以下几个阶段：

一是变量测度题项设计。通过对国内外相关文献的阅读、分析与总结，借鉴现有理论与实证相关变量的测度，并通过与关系密切的企业界朋友的交流，提炼出相应的测量题项。

二是征求相关学者的意见修改测度题项。采用面谈或电子邮件的方式，向在该领域或在问卷设计方面有丰富经验的学者和博士生征求意见，咨询的内容主要集中于问卷中变量的逻辑关系、题项措辞、题项增删、问卷格式等方面。根据学术界专家的意见对问卷初稿进行了修改，形成问卷二稿。

三是与企业界人士访谈修改测度题项。与企业高管进行深入访谈，就变量间关系、初始量表、量表题项等方面征询被访谈者的意见，检验量表的相关题项能否被企业理解，是否与企业实际相符合。

---

① 李大元：《不确定环境下的企业持续优势：基于战略调适能力的视角》，浙江大学博士学位论文，2008年，第145页。

根据企业界人士的意见对问卷二稿进行了修改,形成问卷三稿。

四是试调查。问卷设计完成后进行试调查,对小样本进行量表信度及效度的评估,根据试调查数据分析的结果,对问卷测项进行了进一步调整与修改,形成问卷的终稿。

由于本书应答者的回答主要建立在主观评价之上,因此可能会导致问卷结果出现偏差的问题。福尔斯(Fowler,1988)认为主要有四种原因可能导致非准确性应答:应答者不知道该问题的答案;应答者不能回忆所提问问题答案的信息;虽然知道这些问题答案的信息,但是应答者不想回答这些问题;应答者不能理解所问的问题(转引自李正卫,2003)。[①] 尽管无法完全消除上述四个因素可能带来的问题,但仍可以采取一定的措施降低这些问题可能带来的负面影响。

对于第一种由于不了解情况所引起的问题,本书要求应答者是公司领导或者技术负责人;对于第二种由于记忆偏差所引起的问题,结合本书的需要,问卷题项主要为企业近年的大致情况,以尽量避免由于记忆与回忆引起的偏差;对于第三种由于意愿性引起的问题,笔者在问卷卷首庄严、醒目地向应答者承诺,问卷数据仅用于学术研究,不用于任何商业目的。并且,本问卷采取匿名的方式,即不要求应答者填写公司名称,这样可以打消应答者的顾虑;针对第四种由于应答者不理解引致的问题,首先,本问卷在设计过程中参考了现有理论研究,广泛征求了学界与企业界的意见,并经过了预测试的修订,尽量排除题项难以理解或意义含糊不清的情况发生。此外,问卷中标明了笔者的姓名和通信方式,以便应答者在任何不解之处随时与笔者联系,降低了由于不理解题意可能带来的问题。

另外,由于本研究中解释变量和被解释变量数据来自同一被调查人,所以可能存在同源性偏差(common method variance)问题帕多克和奥甘(Podsakoff & Organ,1986),[②] 为了检测是否存在较大的同源

[①] 李正卫:《动态环境下的组织学习与企业绩效》,浙江大学博士学位论文,2003年,第47页。

[②] Podsakoff P. M., & Organ D. W., Self-reports in Organizational Research: Problems and Prospects, *Journal of Management*, 1986, Vol. 12, 4, pp. 531–544.

性偏差，按照帕克（Parke，1993）①等的建议，本文进行了哈曼因果单因子测试（Harman's post-hoc single factor test），如果存在较大的同源性偏差，当对所有变量执行因子分析时，将会出现单一因子，或者将会出现一个综合因子，该因子将能解释大部分变量方差。我们对本研究中所涉及的所有题项进行了因子分析，未经旋转的因子分析结果表明，存在8个特征值大于1的因子，它们一共解释了全部方差的73.620%，多个因子的存在以及单个因子相对较低的方差解释力（解释力最强的因子，即第一个因子解释了方差的26.731%）说明不存在单一主因子，也不存在一个综合因子可以解释大部分变量方差，因此，同源性偏差并不严重。

二 数据收集与研究样本的选取

在研究论文中将采用访谈和问卷调查相结合的方式收集我国不同地区与不同性质企业的第一手原始数据，从环境供给的视角验证企业的企业环境管理策略的有效性以及对企业绩效的影响。在理论框架和研究假设的基础上，我们设计出了最初问卷，然后深入我国不同地区的部分企业和企业高层管理人员经过充分的交流与沟通，通过访谈结果，对问卷作了进一步的修改，确定问卷的最终形式。在问卷最终修订完成后，笔者以公司中的主要领导或技术负责人为调查对象，采用邮寄信件和电子邮件的形式同时进行问卷的发放，具体的问卷发放方式有三种：第一种是笔者直接发放与回收问卷。笔者自行联系在企业工作的同学、朋友、QQ上的校友群，通过电子邮件或亲自前往企业请技术负责人填写问卷。这种方式共发放问卷115份，收回65份，有8份问卷因没有填写完整或者从表面上即可看出答卷者的回答前后矛盾或者所有的回答全部一致等原因而被剔除，有效问卷57份，问卷回收率为56.5%，有效问卷率为49.5%。第二种方式是委托在某工会工作的朋友利用工会与企业之间联系的渠道发放问卷。这种方式

---

① Parknhe A., Strategic Alliance Structuring: A Game Theoretic and Transaction Cost Examination of Interfirm Cooperation, *The Academy of Management Journal*, 1993, Vol. 36, No. 4, pp. 794–829.

共发放问卷86份,收回73份,有效问卷62份,回收率为84.8%,有效问卷率为72.1%。第三种方式是依托笔者所在学校的在读MBA学生。这种方式共发放问卷40份,收回38份,有效问卷30份,回收率为95.0%,有效问卷率为75.0%。三种方式共发放问卷241份,收回176份(其中电子问卷46份,纸质问卷130份),有效问卷149份,总体回收率为73.03%,有效问卷率为61.83%。说明本次研究的问卷设计和回答方面的工作有效,满足要求,可以使用本次调查的数据去验证本文提出的待检验的假设。

在本书撰写与研究的过程中,除了通过访谈与发放问卷的方式获得的一手资料外,我们还广泛收集二手资料,如企业的内部与外部宣传资料、企业年报、企业内部报刊、企业志以及《中国统计年鉴》等,这些对于实证研究来说也是非常宝贵的资料来源。为了获得更为全面的二手资料,我们还查阅各种管理杂志、报刊、网站等,例如,《光明日报》、《经济日报》、《南方周末》、《人民日报》、"中国期刊网",等等,在这些报纸杂志上也找到一些有用的资料,这些资料对于论文的撰写也是非常有力的补充。

三 调研企业的基本信息

本次调查的样本主要集中于湖北与江西两地的企业,这主要是由笔者社会资源分布的限制所造成的。笔者目前尚无力进行随机抽样,只能动用私人社会资源进行调查,而即使这些样本也已经是笔者动用一切可以动用的社会资源所能达到的结果了。当然,如有可能,进行随机抽样将更具说服力。

样本结构主要描述样本企业的规模、年龄、所在区域、所属行业、企业经营性质及填写人在公司的职位等指标。样本的基本情况如表5-1和图5-1所示。从企业所在区域来看,由于笔者的社会资源多分布在湖北及江西两地,因此这两个地区样本所占的比例较大,中部地区最多占到69.1%,其次是东部沿海地区占到26.2%,东北地区最少,只有4.7%。从企业所有制类型来看,国有及国有控股企业所占的比例最大,达到了42.3%,本书用企业员工人数衡量企业规模。从样本数来看,1000 人及以下的中小企业占 64.4%,超过 1000 人的大企业占 35.6%,基本上反映了我国目前企业规模的状况。本问卷将企业年龄分成 5 个时间段,即不足 2 年、2—5 年、6—10 年、11—15 年、15 年以上。从样本的统计分析来看 15 年以上和 2—5 年的企业所占比例最大,这也说明了我国国有企业和民营企业的一些特点。从所属行业来说,相对分布得比较均匀且合乎情理,其中制造业较多,占到 23.5%。最后从被调研者所在的职位来看,管理者占到调研总比重的 91.9%,其中高层、中层、基层管理者占的比重分别是 6.7%、55% 和 30.2%。从数据来看基本满足和达到了本书研究的需求。

表 5 – 1   调研基本数据

所在区域	频率	百分比	有效百分比	累积百分比
东部沿海地区	39	26.2	26.2	26.2
中部地区	103	69.1	69.1	95.3
东北地区	7	4.7	4.7	100.0
合计	149	100.0	100.0	
企业性质	频率	百分比	有效百分比	累积百分比
国有及国有控股企业	63	42.3	42.3	42.3
民营企业	54	36.2	36.2	78.5
外商投资企业	32	21.5	21.5	100.0
合计	149	100.0	100.0	
企业规模	频率	百分比	有效百分比	累积百分比
100 人及以下	39	26.2	26.2	26.2
101—300 人	28	18.8	18.8	45.0
301—1000 人	29	19.5	19.5	64.4
1001—3000 人	15	10.1	10.1	74.5
3000 人以上	38	25.5	25.5	100.0
合计	149	100.0	100.0	

续表

企业年龄	频率	百分比	有效百分比	累积百分比
不足2年	13	8.7	8.7	8.7
2—5年	41	27.5	27.5	36.2
6—10年	32	21.5	21.5	57.7
11—15年	9	6.0	6.0	63.8
15年以上	54	36.2	36.2	100.0
合计	149	100.0	100.0	
所在职位	频率	百分比	有效百分比	累积百分比
高层管理者	10	6.7	6.7	6.7
中层管理者	82	55.0	55.0	61.7
基层管理者	45	30.2	30.2	91.9
一般员工	12	8.1	8.1	100.0
合计	149	100.0	100.0	
所在行业	频率	百分比	有效百分比	累积百分比
制造业	35	23.5	23.5	23.5
电力	6	4.0	4.0	27.5
建筑	10	6.7	6.7	34.2
信息	26	17.4	17.4	51.7
金融	27	18.1	18.1	69.8
房地产	17	11.4	11.4	81.2
交通运输	9	6.0	6.0	87.2
其他	19	12.8	12.8	100.0
合计	149	100.0	100.0	

第五章 实证分析

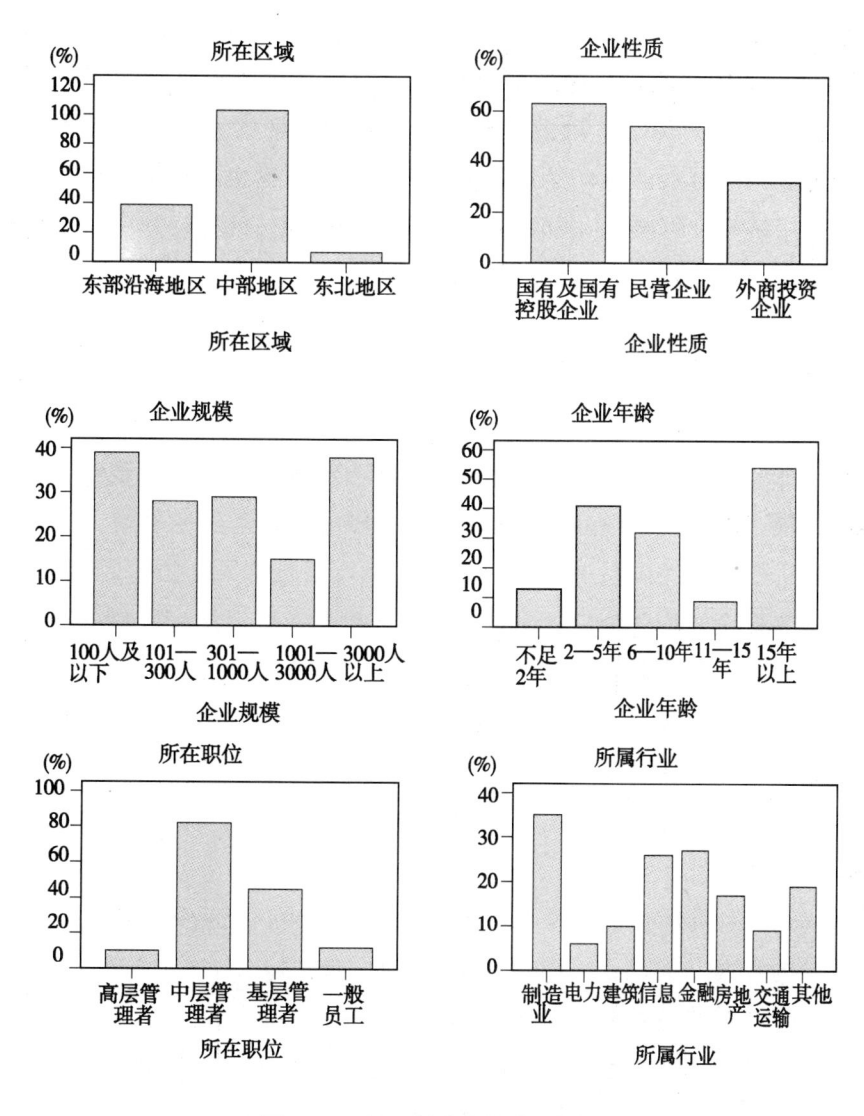

图 5-1 调研基本数据条形图

第二节 研究方法的确定——结构方程模型

本书涉及的主要变量有：企业环境供给的速度、企业环境供给的广度、企业环境供给的深度及企业绩效等，这些变量都是潜变量（Latent Variable）。所谓潜变量是指像企业环境、战略之类的一些变量，往往难以直接准确测量，需要用多个外显指标（Observable Indicators）去间接测量，这种变量称为潜变量（侯杰泰、温忠麟、成子娟，2004）。[①] 传统上对潜变量之间关系的实证研究，常采用多元回归方法，使得实证研究受到诸多限制，并且结论也不可靠。因此，本书采用结构方程模型（Structure Equation Model，SEM）来分析这些潜变量之间的关系，以期得出比较合理的结论。

一 结构方程模型简介

（1）结构方程模型的概念

用结构方程模型来进行统计分析即为结构方程分析，也称结构方程建模（Structure Equation Modeling，SEM），是基于变量协方差矩阵来分析变量之间关系的一种统计方法，所以也称为协方差结构分析。结构方程模型是一个包含面很广的数学模型，可以用来分析一些涉及潜变量的复杂关系。许多流行的传统方法（如回归分析），虽然容许因变量含测量误差，但需要假设自变量是没有误差的。当自变量和因变量都不能准确测量时，理论上来说，回归分析不能用来估计变量之间的关系。传统上，我们计算潜变量时，先计算潜变量对应的观测变量的总分（或平均分），再计算这些总分（或平均分）之间的相关关系。这样计算所得潜变量的关系，不一定恰当，结构方程模型能提供更佳的答案（侯杰泰、温忠麟、成子娟，2004）。

（2）结构方程模型的表达式

结构方程模型可分为测量方程和结构方程两部分。测量方程描述潜变量与指标之间的关系；结构方程描述潜变量之间的关系。

测量方程的表达式一般写成如下形式：

$$x = \Lambda_x \xi + \delta$$

$$y = \Lambda_y \eta + \varepsilon$$

式中：

[①] 侯杰泰、温忠麟、成子娟：《结构方程模型及其应用》，教育科学出版社2004年版，第13页。

x——外生指标组成的向量；

y——内生指标组成的向量；

ξ——外生潜变量组成的向量；

η——内生潜变量组成的向量；

Λ_x——外生指标与外生变量之间的关系，是 x 在 ξ 上的因子负荷矩阵；

Λ_y——内生指标与内生变量之间的关系，是 y 在 η 上的因子负荷矩阵；

δ——外生指标 x 的误差项；

ε——内生指标 y 的误差项。

结构方程的表达式一般写成如下形式：

$$\eta = B\eta + \Gamma\xi + \zeta$$

式中：

B——内生潜变量之间的关系；

Γ——外生潜变量对内生潜变量的影响；

ζ——结构方程的残差项，反映了 η 在方程中未能被解释的部分。

潜变量间的关系，即结构模型，通常是研究的重点，所以整个分析也称结构方程模型。

（3）结构方程模型的优点

概括来说，结构方程模型有以下优点：一是能同时处理多个因变量；二是容许自变量和因变量含测量误差；三是能同时估计因子结构和因子关系；四是容许更大弹性的测量模型；五是能估计整个模型的拟合程度，从而可以判断哪一个模型更接近数据所呈现的关系（Bollen & Long，1993；转引自侯杰泰、温忠麟、成子娟，2004）。[①]

（4）结构方程模型的拟合指数选用

评估结构方程模型好坏的关键是看模型的拟合性，模型的拟合性是指表明变量间关系的假设模型与实际观测数据的拟合程度。从而验

[①] 侯杰泰、温忠麟、成子娟：《结构方程模型及其应用》，教育科学出版社2004年版，第15—17页。

证研究者的研究结论。如果模型对观测数据拟合良好，则表明假设模型具有有效性，研究结论得到支持，如果拟合效果不好，则表明调查的事情情况与理论假设存在一定差距，需要对假设模型进行适当修正。目前，某单一的拟合指标尚不能完整评价检验模型的优劣，通常运用一系列拟合指标的组合。

哪一种拟合指数较好？这是一个复杂的课题，侯杰泰（2004）[①]等人建议报告χ^2（Minimum Fit Function Chi - Square，卡方）、df（Degrees of Freedom，自由度）、RMSEA（Root Mean Square Error of Approximation，近似误差均方根）、NNFI（Non - Normed Fit Index，非范拟合指数）和 CFI（Comparative Fit Index，比较拟合指数）。一般认为，如果 RMSEA 在 0.08 以下（越小越好），NNFI 和 CFI 在 0.9 以上（越大越好），所拟合的模型是一个"好"模型。接受以上建议，并参考其他相关文献，本书最后确定选用的拟合指数及评价标准如表5-2 所示：

表 5-2　　　　　　　本文选用的结构方程模型拟合指数

指数	绝对拟合指数			相对拟合指数			简约拟合指数
	χ^2/df	SRMR	RMSEA	NFI	NNFI	CFI	GFI
评价标准	<5	<0.08	<0.1	>0.9	>0.9	>0.9	>0.5

资料来源：根据侯杰泰、温忠麟和成子娟（2004）；邱皓政和林碧芳（2009）整理。

按照伯格兹和易（Bagozzi & Yi, 1988）[②]的看法，当结构方程模型比较复杂时，在其他指数已经达到标准的情况下，极少数拟合指数与标准稍微有所差距是可以接受的。

二　其他统计方法

本文除用结构方程模型进行假设检验外，还用到其他统计方法对

[①] 侯杰泰、温忠麟、成子娟：《结构方程模型及其应用》，教育科学出版社 2004 年版，第 45 页。

[②] Bagozzi R. P., & Yi Y., On the Evaluation of Structural Equation Models, *Journal of the Academy of Marketing Science*, 1988, Vol. 16, No. 1, pp. 74 - 94.

数据进行统计描述，对数据的信度和效度进行检验。

（1）描述性统计分析

描述性统计主要对样本企业的基本资料，包括企业规模、行业类别、企业年龄、所属地区等进行统计分析，说明各变量的均值、标准差等，以描述样本的类别、特征以及比例分配状况。

（2）信度与效度分析

在进行假设检验之前，应对测量结果进行信度和效度分析，只有具备足够的信度和效度的测量量表才可被采用。

信度分析主要了解问卷量表的可靠性。信度有"外在信度"与"内在信度"两大类。外在信度通常指不同时间测量时，量表一致性的程度，再测信度即是外在信度最常使用的检验法。在多选项量表中，内在信度特别重要，所谓内在信度指的是每一个量表是否测量单一概念，同时，组成量表题项的内在一致性程度如何。内在信度最常使用的方法是 Cronbach's alpha 系数。在社会科学领域，可接受的最小信度系数值为多少，是多数学者最为关注的，不过这方面学者间的看法也不尽一致，有些学者定在 0.80 以上，如盖（Gay，1992）等人即是；而有些学者则认为在 0.70 以上是可接受的最小信度值，如德维利斯（Devellis，1991）、努纳利（Nunnally，1978）等人（转引自吴明隆，2003）；作为一般的态度或心理知觉量表，其信度系数最好在 0.70 以上（吴明隆，2003）。本文将主要检验样本数据的 Cronbach's alpha 系数（α 系数）。按照经验判断法，题项——总体相关系数（CITC）应大于 0.35，并且测度变量的（α）应该大于 0.70（Nunnaily，1978；转引自吴增源，2007）。[①]

效度指题项能够真正测量出研究人员所要衡量的事物的真实程度，表明概念和它的测量指标之间的关系。本书以因子分析来检验建构效度，用因子分析提取测度题项的共同因子，若得到的共同因子与理论结构较为接近，则可判断测量工具具有构思效度。按照经验判断

[①] 吴增源：《IT 能力对企业绩效的影响机制研究》，浙江大学博士学位论文，2007 年，第 116 页。

方法，当 KMO（Kaiser - Meyer - olkin）值大于 0.7，各题项载荷系数大于 0.5 时，可以通过因子分析将同一变量的各测度题项合并为一个因子进行后续分析（马庆国，2002；转引自李大元，2008）[①]。因子分析有两种：探索性因子分析（Exploratory Factor Analysis，EFA）和验证性因子分析（Confirmatory Factor Analysis，CFA）。探索性因子分析的目的是建立量表或问卷的构建效度，而验证性因子分析则是要检验此构建效度的适切性与真实性。

本书利用 SPSS17.0 统计分析软件及 AMOS17.0 结构方程模型分析软件作为数据分析的工具。SPSS17.0 统计分析软件用于测量变量的信度和效度分析（探索性因子分析），AMOS17.0 结构方程模型分析软件则用于验证性因子分析及假设检验。

第三节　变量定义与分类

为了便于分析，本书将研究所涉及的变量作如下定义与分类。

表 5 - 3　　　　　　　　模型中的变量的定义与分类

构思变量	变量符号	测量题项
企业宏观环境供给广度（MacEnv - Bre）	MacEnv - Bre1	1. 企业是否积极关注所在国或地区的经济发展状况
	MacEnv - Bre2	2. 企业是否积极关注所在国或地区的政治与法律法规的变化情况
	MacEnv - Bre3	3. 企业是否积极关注产品的技术创新及行业内的技术进步情况
企业市场环境供给广度（MarEnv - Bre）	MarEnv - Bre1	4. 企业是否积极关注同类竞争型企业的实时动态
	MarEnv - Bre2	5. 企业是否重视对原材料供应商的统一规范管理
	MarEnv - Bre3	6. 企业是否积极关注对消费者购买行为的变化及趋势

---

① 李大元：《不确定环境下的企业持续优势：基于战略调适能力的视角》，浙江大学博士学位论文，2008 年，第 153 页。

续表

构思变量	变量符号	测量题项
企业内部环境供给广度 (IntEnv – Bre)	IntEnv – Bre1	7. 企业是否重视对员工的培训与员工的职业规划
	IntEnv – Bre2	8. 企业是否重视对自身特有资源的有效利用与开发
	IntEnv – Bre3	9. 企业是否重视对自身特色文化的建设与宣传
企业宏观环境供给深度 (MacEnv – Dep)	MacEnv – Dep1	1. 企业通过对未来经济发展状况的分析,影响或改变企业的投资或贸易规划,创造有利于企业发展的环境
	MacEnv – Dep2	2. 企业通过与政府的沟通,影响或改变现有政策与法律法规等,创造有利于企业发展的环境
	MacEnv – Dep3	3. 企业通过技术、管理、组织等创新活动,产生了社会影响或示范效应,创造了有利于企业发展的环境
企业市场环境供给深度 (MarEnv – Dep)	MarEnv – Dep1	4. 企业通过与行业、中介组织等的沟通或结成联盟,创造有利于企业发展的环境
	MarEnv – Dep2	5. 企业通过建立与供应商、经销商等的合作关系,创造有利于企业发展的环境
	MarEnv – Dep3	6. 企业通过收购与兼并,创造有利于企业发展的环境
	MarEnv – Dep4	7. 企业建立同媒体、公众、社区等的良好关系,创造有利于企业发展的环境
企业内部环境供给深度 (IntEnv – Dep)	IntEnv – Dep1	8. 企业创建了有利于企业发展的企业文化
	IntEnv – Dep2	9. 企业注重管理团队、人际关系与工作方式变革,创造有利于企业发展的环境
	IntEnv – Dep3	10. 企业注重员工培训、学习与知识、信息的共享
企业环境供给速度 (Env – Spe)	Env – Spe1	1. 企业对环境变化高度敏感和关注
	Env – Spe2	2. 企业建立了环境变化的预警机制,能对环境变化做出一定的预测判断
	Env – Spe3	3. 企业建立了环境变化的应急机制,能对环境变化做出及时响应

续表

构思变量	变量符号	测量题项
企业绩效测量与评估（Ent – Per）	Ent – Per1	1. 与同行业平均水平比，企业的利润率较高
	Ent – Per2	2. 与同行业平均水平比，企业的资产回报率较高
	Ent – Per3	3. 与同行业平均水平比，企业的投资收益率较高
	Ent – Per4	4. 与同行业平均水平比，企业的市场份额与竞争力较高
	Ent – Per5	5. 与同行业平均水平比，企业的技术创新能力较高
	Ent – Per6	6. 与同行业平均水平比，企业的营销能力较高
	Ent – Per7	7. 您在本企业工作的满意程度较高
企业年龄（YEAR）	Year	1. 企业生存的年数
企业规模（SCALE）	Scale	1. 企业员工人数

第四节 信度与效度的检验

在进行假设检验之前，应对测量结果进行信度和效度分析。只有满足信度和效度要求的量表，其分析结果才具有说服力（李怀祖，2004）。前文已经介绍了与信度分析相关的概念和原则。本书采用"Cronbach's alpha"系数对问卷量表进行信度检验。信度检验的标准，按照经验判断法，题项——总体相关系数（CITC）应大于 0.35，并且测度变量的 Cronbach's alpha 值应该大于 0.70（Nunnaily，1978；转引自吴增源，2007）。[①]

一 信度分析

1. 企业环境供给广度的信度分析

利用 SPSS 软件的 Analyse 中的 scale，然后选择 liability Analysis 命

[①] 吴增源：《IT 能力对企业绩效的影响机制研究》，浙江大学博士学位论文，2007年，第 116 页。

令，可以进行测量题项的信度分析。具体步骤如下：

（1）企业宏观环境供给广度的信度分析

企业宏观环境供给广度的信度检验如表5-4所示：

表5-4　　　　　　企业宏观环境供给广度的信度检验

项总计统计量					
	项已删除的刻度均值	项已删除的刻度方差 ɤ	校正的项总计相关性	多相关性的平方	项已删除的Cronbach's Alpha 值
MacEnv – Bre1	11.1409	7.608	0.848	0.832	0.756
MacEnv – Bre2	11.0805	7.980	0.838	0.827	0.768
MacEnv – Bre3	12.1946	8.658	0.632	0.400	0.951

可靠性统计量		
Cronbach's Alpha	基于标准化项的 Cronbach's Alpha	项数
0.880	0.882	3

企业宏观环境供给广度的初次信度检验如表5-4所示，综合的Alpha=0.880。但从表5-4中可发现，如果删除题项MacEnv-Bre3后，本量表的信度系数会提高到0.951（即>0.882）。于是删除题项MacEnv-Bre3，得到企业宏观环境供给广度的第二次信度检验如表5-5所示。

表5-5　　删除相关题项后的企业宏观环境供给广度的信度检验

项总计统计量					
	项已删除的刻度均值	项已删除的刻度方差 ɤ	校正的项总计相关性	多相关性的平方	项已删除的Cronbach's Alpha 值
MacEnv – Bre1	6.1275	2.180	0.908	0.824	
MacEnv – Bre2	6.0671	2.360	0.908	0.824	

可靠性统计量		
Cronbach's Alpha	基于标准化项的 Cronbach's Alpha	项数
0.951	0.952	2

企业宏观环境供给广度的信度分析结果如下：测量题项的CITC值每个都超过0.35的最低要求；综合的Cronbach's Alpha值为0.951，大于0.70的标准。并且，每个因子题项删除以后，其Cronbach's alpha 值都不会超过目前的因子对应的 Cronbach's Alpha 值。表明删除相关题项后的企业宏观环境供给广度量表具有较高的信度。

删除题项 MacEnv - Bre3（企业是否积极关注产品的技术创新及行业内的技术进步状况）后能提高信度，说明我国企业是否积极关注产品的技术创新及行业内的技术进步状况不足以表现企业宏观环境供给广度。以上题项不足以表现企业宏观环境供给广度，可能与我国国有企业自身的特点和我国小型民营企业以逐利性为目的的弊端有关。

（2）企业市场环境供给广度的信度分析

企业市场环境供给广度的信度检验如表 5 - 6 所示。

表 5 - 6 企业市场环境供给广度的信度检验

项总计统计量					
	项已删除的刻度均值	项已删除的刻度方差	校正的项总计相关性	多相关性的平方	项已删除的 Cronbach's Alpha 值
MarEnv - Bre1	8.9597	5.836	0.593	0.542	0.493
MarEnv - Bre2	10.1678	7.289	0.309	0.108	0.848
MarEnv - Bre3	9.2752	5.674	0.667	0.564	0.399

可靠性统计量		
Cronbach's Alpha	基于标准化项的 Cronbach's Alpha	项数
0.694	0.700	3

企业市场环境供给广度的初次信度检验如表 5 - 6 所示，综合的 Alpha = 0.694。但从表 5 - 7 中可发现，如果删除题项 MarEnv - Bre2 后，本量表的信度系数会提高到 0.848（即 > 0.694）。于是删除题项 MarEnv - Bre2，得到企业市场环境供给广度的第二次信度检验，如表 5 - 7 所示。

表 5 - 7 删除题项 MarEnv - Bre2 后企业市场环境供给广度的信度检验

项总计统计量					
	项已删除的刻度均值	项已删除的刻度方差	校正的项总计相关性	多相关性的平方	项已删除的 Cronbach's Alpha 值
MarEnv - Bre1	4.9262	2.028	0.736	0.542	
MarEnv - Bre3	5.2416	2.171	0.736	0.542	

续表

可靠性统计量		
Cronbach's Alpha	基于标准化项的 Cronbach's Alpha	项数
0.848	0.848	2

企业市场环境供给广度的信度分析结果如下：测量题项的 CITC 值都超过 0.35 的最低要求；综合的 Cronbach's Alpha 值为 0.848，大于 0.70 的标准。并且，每个因子题项删除以后，其 Cronbach's Alpha 值都不会超过目前的因子对应的 Cronbach's Alpha 值。表明删除相关题项后的企业市场环境供给广度的量表具有较高的信度。

删除题项 MarEnv – Bre2（企业是否重视对原材料供应商的统一规范的管理）后能提高信度，说明在我国企业是否重视对原材料供应商的统一规范的管理不足以表达企业市场环境供给广度，也说明我国的小型民营企业对于原材料采购还是一种市场机制，即采取价格采购的特点，没有实行对原材料供应商的统一管理。

（3）企业内部环境供给广度的信度分析

企业内部环境供给广度的信度检验如表 5 – 8 所示：

表 5 – 8   企业内部环境供给广度的信度检验

项总计统计量				
	项已删除的刻度均值	项已删除的刻度方差 ɣ	校正的项总计相关性	多相关性的平方	项已删除的 Cronbach's Alpha 值
IntEnv – Bre1	7.9195	7.061	0.503	0.299	0.791
IntEnv – Bre2	7.7047	7.128	0.578	0.430	0.707
IntEnv – Bre3	8.1342	5.820	0.726	0.541	0.530
可靠性统计量				
Cronbach's Alpha	基于标准化项的 Cronbach's Alpha		项数	
0.765	0.766		3	

企业内部环境供给广度的初次信度检验如表 5 – 8 所示，综合的 Alpha = 0.765。但从表 5 – 9 中可发现，如果删除题项 IntEnv – Bre1 后，本量表的信度系数会提高到 0.791（即 > 0.765）。于是删除题项 IntEnv – Bre1，得到企业内部环境供给广度的第二次信度检验如表 5 – 9 所示。

表 5-9　删除题项 IntEnv-Bre1 后企业内部环境供给广度的信度检验

项总计统计量				
	项已删除的刻度均值	项已删除的刻度方差 γ	校正的项总计相关性	多相关性的平方	项已删除的 Cronbach's Alpha 值
IntEnv-Bre2	3.7450	2.299	0.656	0.430	
IntEnv-Bre3	4.1745	1.969	0.656	0.430	

可靠性统计量		
可靠性统计量		
Cronbach's Alpha	基于标准化项的 Cronbach's Alpha	项数
0.791	0.792	2

企业内部环境供给广度的信度分析结果如下：测量题项的 CITC 值每个都超过 0.35 的最低要求；综合的 Cronbach's Alpha 值为 0.791，大于 0.70 的标准。并且，每个因子题项删除以后，其 Cronbach's Alpha 值都不会超过目前的因子对应的 Cronbach's Alpha 值。表明删除相关题项后的企业内部环境供给广度的量表具有较高的信度。

删除题项 IntEnv-Bre1（企业是否重视对员工的培训与员工的职业规划）后能提高信度，说明在我国企业是否重视对员工的培训与员工的职业规划不足以表达企业内部环境供给广度。以上题项不足以表达企业内部环境供给广度，可能与我国国有企业和我国小型民营企业自身的特点有关。

2. 企业环境供给深度的信度分析

（1）企业宏观环境供给深度的信度分析

企业宏观环境供给深度的信度检验，如表 5-10 所示：

表 5-10　　　　　企业宏观环境供给深度的信度检验

项总计统计量				
	项已删除的刻度均值	项已删除的刻度方差 γ	校正的项总计相关性	多相关性的平方	项已删除的 Cronbach's Alpha 值
IntEnv-Bre2	3.7450	2.299	0.656	0.430	
IntEnv-Bre3	4.1745	1.969	0.656	0.430	

可靠性统计量		
Cronbach's Alpha	基于标准化项的 Cronbach's Alpha	项数
0.706	0.711	3

企业宏观环境供给深度的信度分析结果如下：测量题项的 CITC 值每个都超过 0.35 的最低要求；综合的 Cronbach's Alpha 值为 0.706，大于 0.70 的标准。并且，每个因子题项删除以后，其 Cronbach's Alpha 值都不会超过目前的因子对应的 Cronbach's Alpha 值。表明删除相关题项后的企业宏观环境供给深度量表具有较高的信度。

（2）企业市场环境供给深度的信度分析

企业市场环境供给深度的信度检验如表 5-11 所示：

表 5-11　　　　　企业市场环境供给深度的信度检验

项总计统计量					
	项已删除的刻度均值	项已删除的刻度方差 ɤ	校正的项总计相关性	多相关性的平方	项已删除的 Cronbach's Alpha 值
MarEnv-Dep1	12.6443	10.258	0.463	0.240	0.664
MarEnv-Dep2	12.3356	9.657	0.535	0.331	0.621
MarEnv-Dep3	13.0537	8.835	0.434	0.213	0.699
MarEnv-Dep4	12.2416	9.576	0.575	0.344	0.600
可靠性统计量					
Cronbach's Alpha	基于标准化项的 Cronbach's Alpha			项数	
0.708	0.718			4	

企业市场环境供给深度的信度分析结果如下：测量题项的 CITC 值每个都超过 0.35 的最低要求；综合的 Cronbach's Alpha 值为 0.708，大于 0.70 的标准。并且，每个因子题项删除以后，其 Cronbach's Alpha 值都不会超过目前的因子对应的 Cronbach's Alpha 值。表明企业市场环境供给深度量表具有较高的信度。

（3）企业内部环境供给深度的信度分析

企业内部环境供给深度的信度检验如表 5-12 所示：

表 5-12　　　　　企业内部环境供给深度的信度检验

项总计统计量					
	项已删除的刻度均值	项已删除的刻度方差 ɤ	校正的项总计相关性	多相关性的平方	项已删除的 Cronbach's Alpha 值
IntEnv-Dep1	9.1678	4.654	0.598	0.362	0.830
IntEnv-Dep2	8.4027	6.012	0.682	0.528	0.729

					续表
IntEnv – Dep3	8.7919	5.139	0.730	0.574	0.660
可靠性统计量					
Cronbach's Alpha		基于标准化项的 Cronbach's Alpha		项数	
0.807		0.822		3	

企业内部环境供给深度的初次信度检验如表 5 – 12 所示，综合的 Alpha = 0.807。但从表 5 – 13 中可发现，如果删除题项 IntEnv – Dep1 后，本量表的信度系数会提高到 0.830（即 > 0.807）。于是删除题项 IntEnv – Dep1，得到企业内部环境供给深度的第二次信度检验如表 5 – 13 所示。

表 5 – 13　　删除题项 IntEnv – Dep1 后企业内部环境供给深度的信度检验

项总计统计量				
	项已删除的刻度均值	项已删除的刻度方差 x	校正的项总计相关性	多相关性的平方	项已删除的 Cronbach's Alpha 值
IntEnv – Dep2	4.3893	1.550	0.716	0.512	
IntEnv – Dep3	4.7785	1.174	0.716	0.512	
可靠性统计量					
Cronbach's Alpha		基于标准化项的 Cronbach's Alpha		项数	
0.830		0.834		2	

企业内部环境供给深度的信度分析结果如下：测量题项的 CITC 值每个都超过 0.35 的最低要求；综合的 Cronbach's Alpha 值为 0.830，大于 0.70 的标准。并且，每个因子题项删除以后，其 Cronbach's Alpha 值都不会超过目前的因子对应的 Cronbach's Alpha 值。表明删除相关题项后的企业内部环境供给深度量表具有较高的信度。

删除题项 IntEnv – Dep1（企业创建了有利于企业发展的企业文化）后能提高信度，说明我国企业在对利用企业文化促进企业发展方面做的深度不够，这也可能说明我国的企业，特别是国有企业和小型私营企业在对待企业的建设方面作的努力不如其他方面多。

3. 企业环境供给速度的信度分析

在企业环境供给速度方面，通过前面章节的文献研究发现，企业规模和企业年龄对企业环境供给速度影响很大，这也正印证了很多大型跨国公司非常强调企业的反应速度的原因，也正是这样，很多跨国企业和大型企业进行组织结构的变革，缩减管理阶层，提高响应速度等。因此，我们把企业规模和企业年龄作为企业环境供给速度的控制变量一起来考察其对企业环境供给速度的影响。企业环境供给速度的信度检验如表5-14所示。

表5-14　　　　　企业环境供给速度的信度检验

项总计统计量					
	项已删除的刻度均值	项已删除的刻度方差γ	校正的项总计相关性	多相关性的平方	项已删除的Cronbach's Alpha 值
Env-Spe1	15.0268	21.175	0.126	0.307	0.821
Env-Spe2	16.7114	14.801	0.711	0.677	0.634
Env-Spe3	16.7785	14.268	0.752	0.703	0.616
企业规模	18.2416	16.117	0.450	0.570	0.736
企业年龄	17.8054	15.306	0.599	0.648	0.676
可靠性统计量					
Cronbach's Alpha	基于标准化项的 Cronbach's Alpha			项数	
0.751	0.745			5	

企业环境供给速度的初次信度检验如表5-14所示，综合的 Alpha = 0.751。但从表5-15中可发现，如果删除题项 Env-Spe1 后，本量表的信度系数会提高到0.821（即 >0.751）。于是删除题项 Env-Spe1，得到企业环境供给速度的第二次信度检验如表5-15所示。

表5-15　　删除题项 EnvSpe1 后企业环境供给速度的信度检验

项总计统计量					
	项已删除的刻度均值	项已删除的刻度方差γ	校正的项总计相关性	多相关性的平方	项已删除的Cronbach's Alpha 值
Env-Spe2	10.5973	13.134	0.634	0.669	0.780
Env-Spe3	10.6644	12.684	0.669	0.680	0.764
企业规模	12.1275	12.626	0.567	0.563	0.814
企业年龄	11.6913	12.039	0.717	0.629	0.740
可靠性统计量					
Cronbach's Alpha	基于标准化项的 Cronbach's Alpha			项数	
0.821	0.824			4	

企业环境供给速度的信度分析结果如下：测量题项的 CITC 值每个都超过 0.35 的最低要求；综合的 Cronbach's Alpha 值为 0.821，大于 0.70 的标准。并且，每个因子题项删除以后，其 Cronbach's Alpha 值都不会超过目前的因子对应的 Cronbach's Alpha 值。表明删除相关题项后的企业环境供给速度量表具有较高的信度。

删除题项 Env – Spe1（企业对环境的变化高度敏感和关注）后能提高信度，说明我国企业对环境的变化高度敏感和关注方面不足，这也符合我国一般国有企业和小型私营企业的特点。

4. 企业绩效的测量与评估的信度分析

企业绩效的信度检验如表 5-16 所示：

表 5-16　　　　　企业绩效的测量与评估的信度检验

项总计统计量				
	项已删除的刻度均值	项已删除的刻度方差 v	校正的项总计相关性	多相关性的平方	项已删除的 Cronbach's Alpha 值
Ent – Per1	24.1745	29.996	0.790	0.679	0.873
Ent – Per2	24.1074	30.205	0.772	0.822	0.875
Ent – Per3	24.1275	29.409	0.801	0.824	0.871
Ent – Per4	24.3624	29.246	0.728	0.681	0.880
Ent – Per5	24.4832	30.116	0.645	0.597	0.890
Ent – Per6	23.5101	34.373	0.460	0.336	0.907
Ent – Per7	24.2819	29.812	0.727	0.557	0.880

可靠性统计量		
Cronbach's Alpha	基于标准化项的 Cronbach's Alpha	项数
0.898	0.898	7

企业绩效的初次信度检验如表 5-16 所示，综合的 Alpha = 0.898。但从表 5-17 中可发现，如果删除题项 Env – Per6 后，本量表的信度系数会提高到 0.907（即 >0.898）。于是删除题项 Env – Per6，得到企业绩效的第二次信度检验如表 5-17 所示。

表 5-17　删除题项 EnvPer6 后企业绩效的测量与评估的信度检验

项总计统计量					
	项已删除的刻度均值	项已删除的刻度方差 ɤ	校正的项总计相关性	多相关性的平方	项已删除的 Cronbach's Alpha 值
Ent – Per1	19.5101	24.481	0.795	0.679	0.883
Ent – Per3	19.4631	24.129	0.787	0.817	0.884
Ent – Per2	19.4430	24.816	0.761	0.822	0.888
Ent – Per4	19.6980	23.469	0.764	0.652	0.887
Ent – Per5	19.8188	24.757	0.631	0.542	0.908
Ent – Per7	19.6174	24.238	0.738	0.557	0.891

可靠性统计量		
Cronbach's Alpha	基于标准化项的 Cronbach's Alpha	项数
0.907	0.909	6

企业绩效的测量与评估的信度分析结果如下：测量题项的 CITC 值每个都超过 0.35 的最低要求；综合的 Cronbach's Alpha 值为 0.907，大于 0.70 的标准。并且，每个因子题项删除以后，其 Cronbach's Alpha 值都不会超过目前的因子对应的 Cronbach's Alpha 值。表明删除相关题项后的企业绩效的测量与评估量表具有较高的信度。

删除题项 Env – Per6（与同行业平均水平比，企业的营销能力较高）后能提高信度，这可能与我国企业自身的产品结构和品牌影响力有关，即企业自身营销能力的高低不能全面反映出企业绩效的优劣情况。

二　效度分析

测验或量表所能正确测量的特质程度，一般就是效度。效度的分类包括三种：内容效度、效标关联效度和建构效度（吴明隆，2003）。[①]

[①] 吴明隆：《SPSS 统计应用实务》，科学出版社 2003 年版，第 63、231 页。

内容效度是指量表内容或题项的适当性与代表性，即测量内容能否反映所要测量的特质（吴明隆，2003）。本书模型中各变量具体指标的提出，是在分析了国内外文献与理论研究以及调查典型企业的基础上构建的，然后经过小样本预测后修改而成，因而量表具有适宜的内容效度。

效标关联效度指测验与外在效标之间关联的程度，如果测验与外在效标间的相关度越高，表示此测验的效标关联度越高（吴明隆，2003）。效标是指与被测群体无关的外部客观标准。当研究采用的变量是企业管理中的软性因素，需要凭借答卷者自身认知来判断时，很难找到概念上完全重合的客观效标，因此需要验证衡量分数与效标间的关系，这样的研究属于统计实证分析，因而效标关联效度又称为实证性效度（陈钰芬、陈劲，2008）。[①] 本书正是属于这样的情况，测量量表很难找到概念上完全重合的客观效标，需要通过实证检验来验证效度。

建构效度是指量表能够测量出理论的特质或概念的程度。建构效度检验是以理论的逻辑分析为基础，然后根据实际所收集的数据来检验理论是否正确，是一种相当严谨的效度检验方法（吴明隆，2003）。建构效度检验的常用方法是因子分析。研究者如果以因子分析去检验测验工具的效度，并有效地抽取共同因子，此共同因子与理论结构的特质非常接近，则可以说此测验工具或量表具有构建效度（吴明隆，2003）。

本书以因子分析来检验建构效度，用因子分析提取测度题项的共同因子，若得到的共同因子与理论结构较为接近，则可判断测量工具具有构思效度。按照经验判断方法，当KMO（Kaiser - Meyer - Olkin）值大于0.7，各题项载荷系数大于0.5时，可以通过因子分析将同一变量的各测度题项合并为一个因子进行后续分析（马庆国，2002）。本书接下来将逐一描述各变量的因子分析结果。

1. 企业环境供给广度的效度分析

本书先利用SPSS17.0，对环境不确定性的各个题项做探索性因

---

① 陈钰芬、陈劲：《开放式创新：机理与模式》，科学出版社2008年版，第102页。

子分析。利用因子分析有一个潜在的要求，即原有的变量之间要有比较强的相关性，如果原有变量之间不存在较强的相关关系，那么就无法从中综合出共同特性的少数因子来。因此，在进行因子分析时，需要对原有变量做相关分析。SPSS 提供的方法是进行 KOM（Kaiser – Meyer – Olkin）及 Bartlett's 球形检验（Bartlett's Test of Sphericity），检验是否适合进行因子分析。KOM 值越大，表示变量间的共同因素越多，越适合进行因子分析。根据吴明隆（2003）[①]的总结，当 KOM 值小于 0.6 时，数据不适合进行因子分析；当 KOM 值在 0.6 与 0.7 之间，则说明数据勉强可以进行因子分析；当 KOM 值大于 0.7 时，说明数据可以进行因子分析。测量企业环境供给广度子量表的 KOM 样本测度和 Bartlett's 球形检验结果如表 5 – 18 所示，KOM 值为 0.724，表示可以进行因子分析。此外，Bartlett's 球形检验的 $\chi 2$ 统计值的显著性概率是 0.000，小于 1%，也说明该数据适宜做因子分析。

表 5 – 18　　　　环境不确定性子量表的 KOM 样本测度和 Bartlett's 球形检验结果

KMO 和 Bartlett's 的检验		
取样足够度的 Kaiser – Meyer – Olkin 度量		0.724
Bartlett's 的球形度检验	近似卡方	592.380
	df	15
	Sig.	0.000

因子分析的结果显示有两个因子被识别出来。两个因子的特征值和所解释方差的比例等结果分别见表 5 – 19，旋转以后两个因子占总体方差的比例分别是 47.376% 和 32.940%，两个因子共解释了变量的 80.316% 的方差，对应的特征值分别是 2.843 和 1.976。

---

① 吴明隆：《SPSS 统计应用实务》，科学出版社 2003 年版，第 67 页。

表 5-19　　　　企业环境供给广度探索性因子分析的结果

成分	解释的总方差								
	初始特征值			提取平方和载入			旋转平方和载入		
	合计	方差的%	累积%	合计	方差的%	累积%	合计	方差的%	累积%
1	3.397	56.620	56.620	3.397	56.620	56.620	2.843	47.376	47.376
2	1.422	23.696	80.316	1.422	23.696	80.316	1.976	32.940	80.316
3	0.563	9.391	89.707						
4	0.298	4.972	94.680						
5	0.228	3.799	98.478						
6	0.091	1.522	100.000						

提取方法：主成分分析

旋转后的因子载荷矩阵如表5-20所示，企业宏观环境供给广度的两个题项在因子1上有较大的载荷值，因子载荷系数均大于0.5（最大值为0.939，最小值为0.930），因此可以将这些题项归为一组，称为企业宏观环境供给广度。企业市场环境供给广度的两个题项在因子1上有较大的载荷值，因子载荷系数均大于0.5（最大值为0.768，最小值为0.641），因此可以将这些题项归为一组，称为企业市场环境供给广度。企业内部环境供给广度的两个题项在因子2上有较大的载荷值，因子载荷系数均大于0.5（最大值为0.907，最小值为0.849），因此可以将这些题项归为一组，称为企业内部环境供给广度。根据因子分析的结果，本书将企业环境供给广度的维度定为三个维度，分别为：企业宏观环境供给广度、企业市场环境供给广度、企业内部环境供给广度。

表 5-20　　　　企业环境供给广度测量题项的因子载荷

变量	题项	因子1	因子2
企业宏观环境供给广度	企业是否积极关注所在国或地区的经济发展状况	0.939	0.019
	企业是否积极关注所在国或地区的政治与法律法规的变化情况	0.930	0.027
企业市场环境供给广度	企业是否积极关注同类竞争型企业的实时动态	0.768	0.397
	企业是否积极关注对消费者购买行为的变化及趋势	0.641	0.525
企业内部环境供给广度	企业是否重视对自身特有资源的有效利用与开发	0.303	0.849
	企业是否重视对自身特色文化的建设与宣传	-0.059	0.907

旋转方法：方差最大化正交旋转

2. 企业环境供给深度的效度分析

测量企业环境供给深度的子量表的 KOM 样本测度和 Bartlett's 球形检验结果如表 5-21 所示，KOM 值为 0.763，表示很适合进行因子分析。此外，Bartlett's 球形检验的 χ^2 统计值的显著性概率是 0.000，小于 1%，也说明该数据适宜做因子分析。

表 5-21　　　　企业环境供给深度的子量表的 KOM 样本
　　　　　　　测度和 Bartlett's 球形检验结果

KMO 和 Bartlett's 的检验		
取样足够度的 Kaiser – Meyer – Olkin 度量		0.763
Bartlett's 的球形度检验	近似卡方	475.285
	df	36
	Sig.	0.000

因子分析的结果显示有 3 个因子被识别出来。3 个因子的特征值和所解释方差的比例等结果分别见表 5-22，旋转以后 3 个因子占总体方差的比例分别是 23.703%、22.986% 和 21.823%，3 个因子共解释了变量的 68.511% 的方差，对应的特征值分别是 2.133、2.069 和 1.964。

表 5-22　　　　企业环境供给深度探索性因子分析的结果

成分	解释的总方差								
	初始特征值			提取平方和载入			旋转平方和载入		
	合计	方差的%	累积%	合计	方差的%	累积%	合计	方差的%	累积%
1	3.795	42.165	42.165	3.795	42.165	42.165	2.133	23.703	23.703
2	1.322	14.685	56.850	1.322	14.685	56.850	2.069	22.986	46.689
3	1.050	11.661	68.511	1.050	11.661	68.511	1.964	21.823	68.511
4	0.789	8.764	77.276						
5	0.553	6.140	83.415						
6	0.545	6.060	89.475						
7	0.401	4.458	93.933						
8	0.302	3.353	97.286						
9	0.244	2.714	100.000						

提取方法：主成分分析

旋转后的因子载荷矩阵如表 5-23 所示，企业宏观环境供给深度的 2 个题项在因子 1 上有较大的载荷值，因子载荷系数均大于 0.5（最大值为 0.759，最小值为 0.619），因此可以将这些题项归为一组，称为企业宏观环境供给深度。企业市场环境供给深度的 4 个题项在因子 1 上有较大的载荷值，因子载荷系数均大于 0.5（最大值为 0.662，最小值为 0.543），因此可以将这些题项归为一组，称为企业市场环境供给深度。企业内部环境供给深度的 3 个题项在因子 1 上有较大的载荷值，因子载荷系数均大于 0.5（最大值为 0.750，最小值为 0.607），因此可以将这些题项归为一组，称为企业内部环境供给深度。

表 5-23　　　　企业环境供给深度测量题项的因子载荷

变量	题项	因子1	因子2	因子3
企业宏观环境供给深度	企业通过对未来经济发展状况的分析，影响或改变企业的投资或贸易规划，创造有利于企业发展的环境	0.619	0.514	-.148
	企业通过与政府的沟通，影响或改变现有政策与法律法规等，创造有利于企业发展的环境	0.641	0.422	0.456
	企业通过技术、管理、组织等创新活动，产生了社会影响或示范效应，创造了有利于企业发展的环境	0.759	0.303	0.456
企业市场环境供给深度	企业通过与行业、中介组织等的沟通或结成联盟，创造有利于企业发展的环境	0.659	-0.242	0.093
	企业通过建立与供应商、经销商等的合作关系，创造有利于企业发展的环境	0.543	-0.489	0.495
	企业通过收购与兼并，创造有利于企业发展的环境	0.662	0.039	0.195
	企业建立同媒体、公众、社区等的良好关系，创造有利于企业发展的环境	0.607	-0.519	0.119
企业内部环境供给深度	企业注重管理团队、人际关系与工作方式变革，创造有利于企业发展的环境	0.737	-0.057	-505
	企业注重员工培训、学习与知识、信息的共享	0.750	-088	-0.491

旋转方法：方差最大化正交旋转

3. 企业环境供给速度的效度分析

测量企业环境供给速度的子量表的 KOM 样本测度和 Bartlett's 球

形检验结果如表 5-24 所示，KOM 值为 0.637，表示比较适合进行因子分析。此外，Bartlett's 球形检验的 $\chi2$ 统计值的显著性概率是 0.000，小于 1%，也说明该数据适宜做因子分析。

表 5-24　技术创新绩效的子量表的 KOM 样本测度和 Bartlett's 球形检验结果

KMO 和 Bartlett's 的检验		
取样足够度的 Kaiser-Meyer-Olkin 度量		0.637
Bartlett's 的球形度检验	近似卡方	323.823
	df	6
	Sig.	0.000

因子分析的结果显示有 1 个因子被识别出来。这个因子的特征值和所解释方差的比例等结果见表 5-25，它解释了变量的 65.530% 的方差，对应的特征值为 2.621。

表 5-25　企业环境供给速度探索性因子分析的结果

解释的总方差						
成分	初始特征值			提取平方和载入		
	合计	方差的 %	累积 %	合计	方差的 %	累积 %
1	2.621	65.530	65.530	2.621	65.530	65.530
2	0.961	24.020	89.550			
3	0.233	5.826	95.376			
4	0.185	4.624	100.000			
提取方法：主成分分析						

因子载荷矩阵如表 5-26 所示，这里我们认为控制变量中的企业规模和企业年龄会对企业的供给速度产生影响，因此，把控制变量企业规模和企业年龄放到企业环境供给速度中来进行效度的分析。企业环境供给速度的 2 个题项和控制变量企业年龄和企业规模 2 个题项一共 4 个题项在因子 1 上有较大的载荷值，因子载荷系数均大于 0.5（最大值为 0.838，最小值为 0.741），因此可以将这些题项归为一组。

表5-26　　　　　企业环境供给速度测量题项的因子载荷

变量	题项	因子1
企业环境供给速度	企业建立了环境变化的预警机制，能对环境变化做出一定的预测判断	0.814
	企业建立了环境变化的应急机制，能对环境变化做出及时响应	0.838
企业规模	分为5个等级	0.841
企业年龄	分为5个等级	0.741

4. 企业绩效的效度分析

测量企业绩效的子量表的 KOM 样本测度和 Bartlett's 球形检验结果如表5-27所示，KOM 值为0.840，表示很适合进行因子分析。此外，Bartlett's 球形检验的 χ^2 统计值的显著性概率是0.000，小于1%，也说明该数据适宜做因子分析。

表5-27　　　　　企业绩效的子量表的 KOM
样本测度和 Bartlett's 球形检验结果

KMO 和 Bartlett's 的检验		
取样足够度的 Kaiser – Meyer – Olkin 度量		0.840
Bartlett 的球形度检验	近似卡方	677.129
	df	15
	Sig.	0.000

因子分析的结果显示有1个因子被识别出来。这个因子的特征值和所解释方差的比例等结果见表5-28，它解释了变量的68.935%的方差，对应的特征值为4.136。

表5-28　　　　　企业绩效探索性因子分析的结果

解释的总方差									
成分	初始特征值			提取平方和载入			旋转平方和载入		
	合计	方差的%	累积%	合计	方差的%	累积%	合计	方差的%	累积%
1	4.136	68.935	68.935	4.136	68.935	68.935			
2	0.855	14.245	83.179						

续表

成分	解释的总方差							
	初始特征值			提取平方和载入			旋转平方和载入		
	合计	方差的%	累积%	合计	方差的%	累积%	合计	方差的%	累积%
3	0.387	6.453	89.632						
4	0.266	4.439	94.071						
5	0.254	4.232	98.303						
6	0.102	1.697	100.000						

提取方法：主成分分析

因子载荷矩阵如表 5-29 所示，技术创新绩效的 6 个题项在因子 1 上有较大的载荷值，因子载荷系数均大于 0.5（最大值为 0.873，最小值为 0.723），因此可以将这些题项归为一组，称为企业绩效。

表 5-29　　　　　　　企业绩效测量题项的因子载荷

变量	题项	因子1
企业绩效的测量与评估	与同行业平均水平比，企业的利润率较高	0.872
	与同行业平均水平比，企业的资产回报率较高	0.855
	与同行业平均水平比，企业的投资收益率较高	0.873
	与同行业平均水平比，企业的市场份额与竞争力较高	0.830
	与同行业平均水平比，企业的技术创新能力较高	0.723
	您在本企业工作的满意程度较高	0.819

三　验证性因子分析

以上进行的是探索性因子分析。探索性因子分析的目的是建立量表或问卷的建构效度，而验证性因子分析则是要检验此构建效度的适切性与真实性。在探索性因子分析的基础上，本文利用分析结构方程模型的软件 AMOS17.0 来对各潜变量进行验证性因子分析。

1. 企业环境供给广度维度的验证性因子分析

(1) 模型界定

上文的探索性因子分析,将企业环境供给广度区分为3个因子,分别命名为企业宏观环境供给广度(MacEnv-Bre)、企业市场环境供给广度(MarEnv-Bre)、企业内部环境供给广度(IntEnv-Bre)。

由于企业环境供给广度是个多维度的潜变量,以6个观测变量测量环境不确定性的强度,同时不同的企业环境供给广度维度(3个因子)之间可能存在相关。根据这些条件,模型界定情形说明如下:

①模型中有6个观测变量 x (MacEnv-Bre1,…,IntEnv-Bre3),3个潜变量 ξ (MacEnv-Bre,…,IntEnv-Bre);

②模型中有6个测量残差 δ (δ_1,…,δ_6),其方差被自由估计;

③为了使3个潜在变量的度量单位(scale)得以确立,潜在变量的第一个因子负荷量被设定为1,共有3个因子负荷量被设定为1。之所以需要设定因子的度量单位,是因为观测变量所隐含的因子本身没有单位,不设定其单位无法计算(侯杰泰、温忠麟、成子娟,2004);[①]

④每个测量变量仅受单一潜在变量影响(单维假设),故产生6个测量变量因子负荷参数 λ ($\lambda1$,…,$\lambda6$);

⑤因子共变允许自由估计,产生3个相关系数参数;

⑥测量残差之间被视为独立而没有共变。

(2) 模型的拟合

模型的拟合也就是模型参数的估计过程。本研究利用 AMOS17.0 求得各参数的估计值。验证性因子分析的相关参数估计的标准值及其标准误差详见路径图5-2:企业环境供给广度的验证性因子分析的拟合指数 $\chi2/df = 1.961$、SRMR = 0.060、RMSEA = 0.081、NFI = 0.984、NNFI = 0.976、CFI = 0.992、GFI = 0.979,所有指数检验值均满足评价标准,因此,可以认为模型的拟合度良好,这三个维度可

[①] 侯杰泰、温忠麟、成子娟:《结构方程模型及其应用》,教育科学出版社2004年版,第28—29页。

以很好地表示企业环境供给的广度。

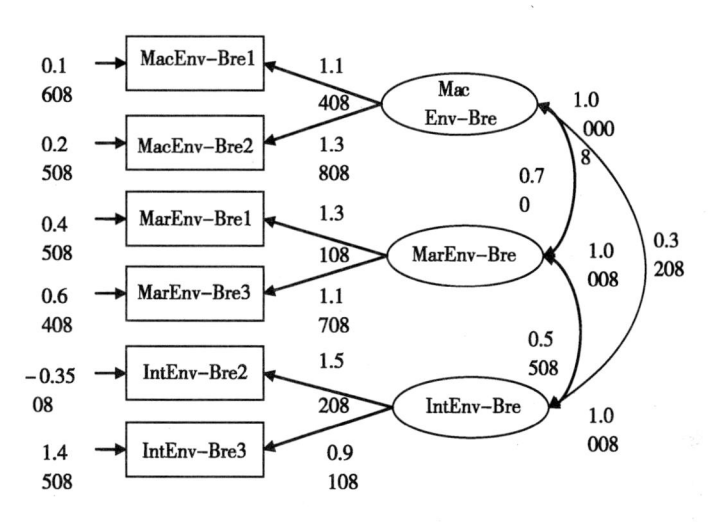

图 5-2　企业环境供给广度的验证性因子分析路径图

2. 企业环境供给深度维度的验证性因子分析

（1）模型界定

探索性因子分析将企业环境供给深度区分为 3 个因子，分别命名为企业宏观环境供给深度（MacEnv - Dep）、企业市场环境供给深度（MarEnv - Dep）、企业内部环境供给深度（IntEnv - Dep）。由于企业环境供给深度是个多维度的潜变量，以 9 个观测变量测量企业环境供给深度，同时不同的企业环境供给深度维度（3 个因子）之间可能存在相关性。根据这些条件，模型界定情形说明如下：

①模型中有 9 个观测变量 x，3 个潜变量 ξ；

②模型中有 9 个测量残差 δ，其方差被自由估计；

③为了使 3 个潜在变量的度量单位（scale）得以确立，潜在变量的第一个因子负荷量被设定为 1，共有 3 个因子负荷量被设定为 1；

④每个测量变量仅受单一潜在变量影响（单维假设），故产生 9 个测量变量因子负荷参数 λ；

⑤因子共变允许自由估计，产生 3 个相关系数参数；

⑥测量残差之间被视为独立而没有共变。

（2）模型的拟合

对企业环境供给深度进行验证性因子分析的相关参数估计的标准值及其标准误详见路径图 5-3。

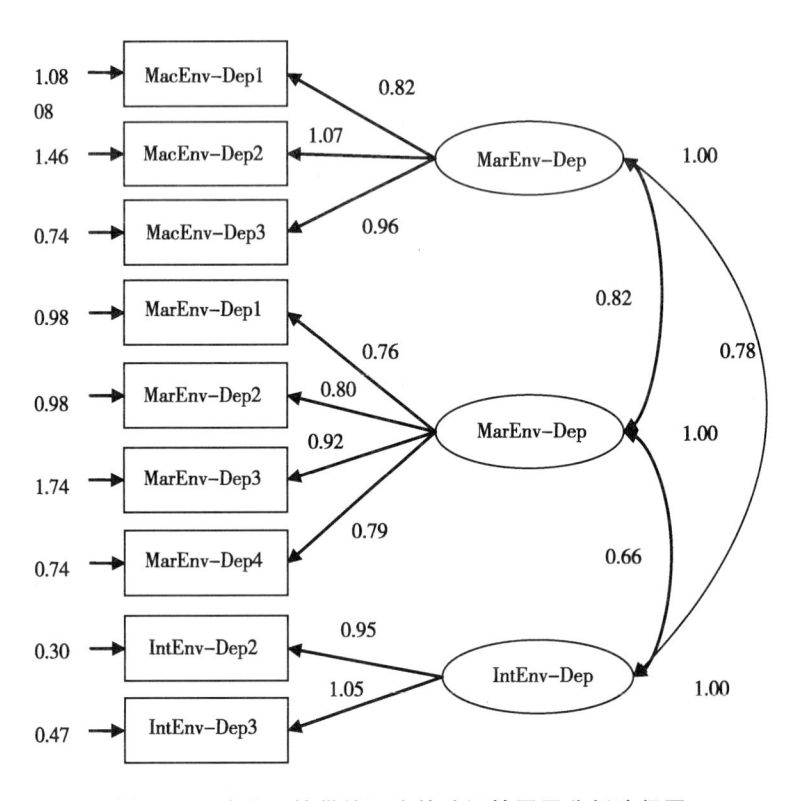

图 5-3 企业环境供给深度的验证性因子分析路径图

企业环境供给深度的验证性因子分析的拟合指数 $\chi^2/df = 1.331$、SRMR = 0.076、RMSEA = 0.047、NFI = 0.948、NNFI = 0.974、CFI = 0.986、GFI = 0.966，所有指数检验值均满足评价标准，因此，可以认为模型的拟合度良好，这三个维度可以很好地表示企业环境供给深度。

3. 企业环境供给速度的验证性因子分析

（1）模型界定

探索性因子分析将企业环境供给速度区分为 1 个因子，命名为企业环境供给速度（Env-Spe），模型界定情形说明如下：

①模型中有 4 个观测变量 x,1 个潜变量 ξ;

②模型中有 4 个测量残差 δ,其方差被自由估计;

③为了使潜在变量的度量单位(scale)得以确立,潜在变量的第一个因子负荷量被设定为 1;

④每个测量变量仅受单一潜在变量影响(单维假设),故产生 4 个测量变量因子负荷参数 λ;

⑤测量残差之间被视为独立而没有共变。

(2)模型的拟合

对企业绩效进行验证性因子分析的相关参数估计的标准值及其标准误详见路径图 5 - 4。

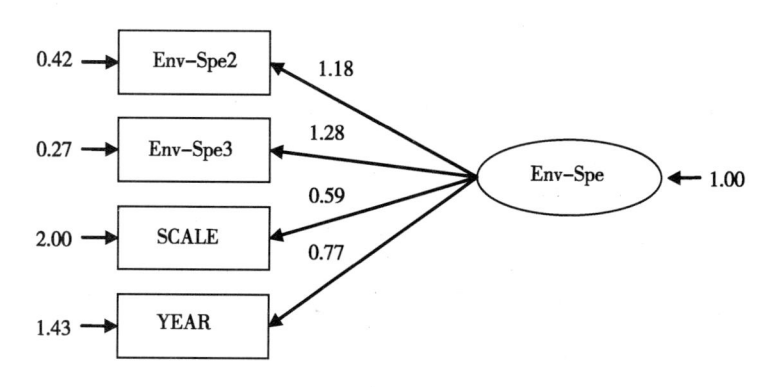

图 5 - 4　企业环境供给速度的验证性因子分析路径图

企业环境供给速度验证性因子分析的拟合指数 $\chi^2/df = 0.501$、SRMR = 0.012、RMSEA = 0.000、NFI = 0.998、NNFI = 1.009、CFI = 1.000、GFI = 0.998,关键拟合指标均满足评价标准,因此,可以认为模型的拟合度良好,这四个指标可以很好地表示企业环境供给速度。

4. 企业绩效的验证性因子分析

(1)模型界定

探索性因子分析将企业绩效区分为 1 个因子,命名为企业绩效(Ent - Per),模型界定情形说明如下:

①模型中有 6 个观测变量 x,1 个潜变量 ξ;

②模型中有 6 个测量残差 δ，其方差被自由估计；

③为了使潜在变量的度量单位（scale）得以确立，潜在变量的第一个因子负荷量被设定为 1；

④每个测量变量仅受单一潜在变量影响（单维假设），故产生 6 个测量变量因子负荷参数 λ；

⑤测量残差之间被视为独立而没有共变。

（2）模型的拟合

对企业绩效深度进行验证性因子分析的相关参数估计的标准值详见路径图 5-5。

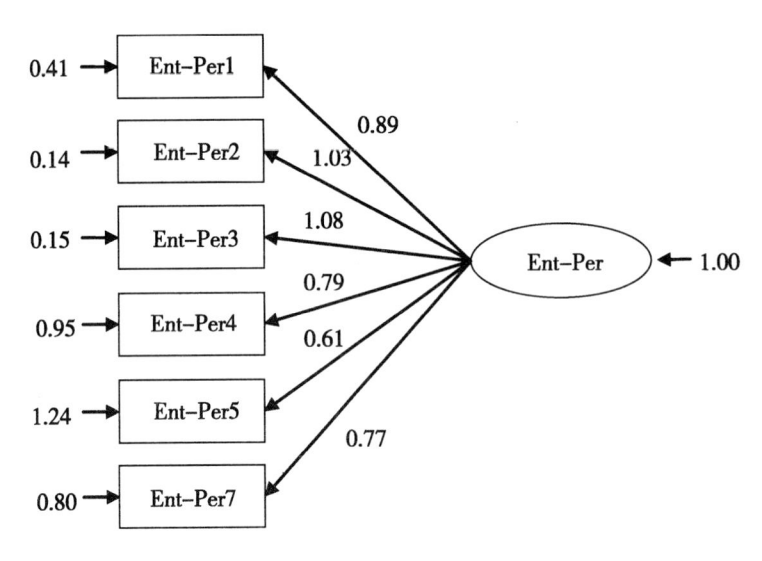

图 5-5 企业绩效的验证性因子分析路径图

企业绩效的验证性因子分析的拟合指数 $\chi^2/df = 4.076$、$SRMR = 0.060$、$NFI = 0.97$、$NNFI = 0.932$、$CFI = 0.977$、$GFI = 0.960$，关键拟合指标均满足评价标准，因此，可以认为模型的拟合度良好，这六个指标可以很好地表示企业绩效。

第五节 本章小结

本章为实证分析，对第四章提出的研究假设进行检验。首先从问卷的设计、数据的收集等方面介绍了本书所采用的实证研究方法。然后对收集的样本进行描述性统计和信度与效度的检验。

从描述性统计可以看出本书的样本主要集中在湖北、江西、湖南等地，从调研企业的性质来看，可以知道所调研企业大部分都是国有企业和小型民营企业，它们在整个样本中占的比重比较大，当然这也直接导致了有些实证检验的结论偏向于这类企业。

从信度和效度分析的结果来看，可以看出在企业环境供给广度中剔除三个指标后其 Cronbach's Alpha 值会增大；企业环境供给深度中有一个测量指标被剔除；企业环境供给速度中有一个指标被剔除；在对企业绩效的测量指标中也有一个指标被剔除。说明这些被剔除的指标不能很好地说明问题，说明问题的能力不显著。究其原因，可能是由于有些国有企业和一般的小型民营企业的特点所导致的。

在下一章中主要是对结构方程模型通过运用 AMOS 软件进行一个实证检验，并逐一对理论假设进行一个实证的检验。

第六章

实证结果分析与讨论

第一节 结构方程模型分析

本书运用结构方程建模来分析企业环境供给和企业绩效的相互作用关系,并对前文提出的假设进行检验。

为了分析企业环境供给对企业绩效的影响,即检验假设是否成立,本书以企业绩效为内生潜变量,企业环境供给为外生潜变量,用结构方程模型来分析企业环境供给对企业绩效的影响。

一 模型界定

(1) 指标的选择与变量的说明

要验证的假设是企业环境供给对企业绩效的影响。因此,选择企业环境供给为外生变量,企业绩效为内生变量。由于影响企业环境供给速度的影响因素还可能有企业规模、企业性质和企业年龄,因此把企业的规模、企业的年龄设定为企业环境供给速度的控制变量。前面的探索性因子分析和验证性因子分析,都说明企业环境供给包含3个维度,企业绩效包含1个维度。由此,本研究的外生潜变量有3个,分别为:环境供给广度(Env – Bre)、环境供给深度(Env – Dep)、环境供给速度(Env – Spe);内生潜变量为1个,即企业绩效(Ent – Per)。企业环境供给速度的控制变量有2个,分别为:企业规模(Scale)、企业年龄(Year)。

(2) 构建路径图

根据假设及前面的分析,可以构建出企业环境供给对企业绩效影响的路径图,如图6 – 1所示。

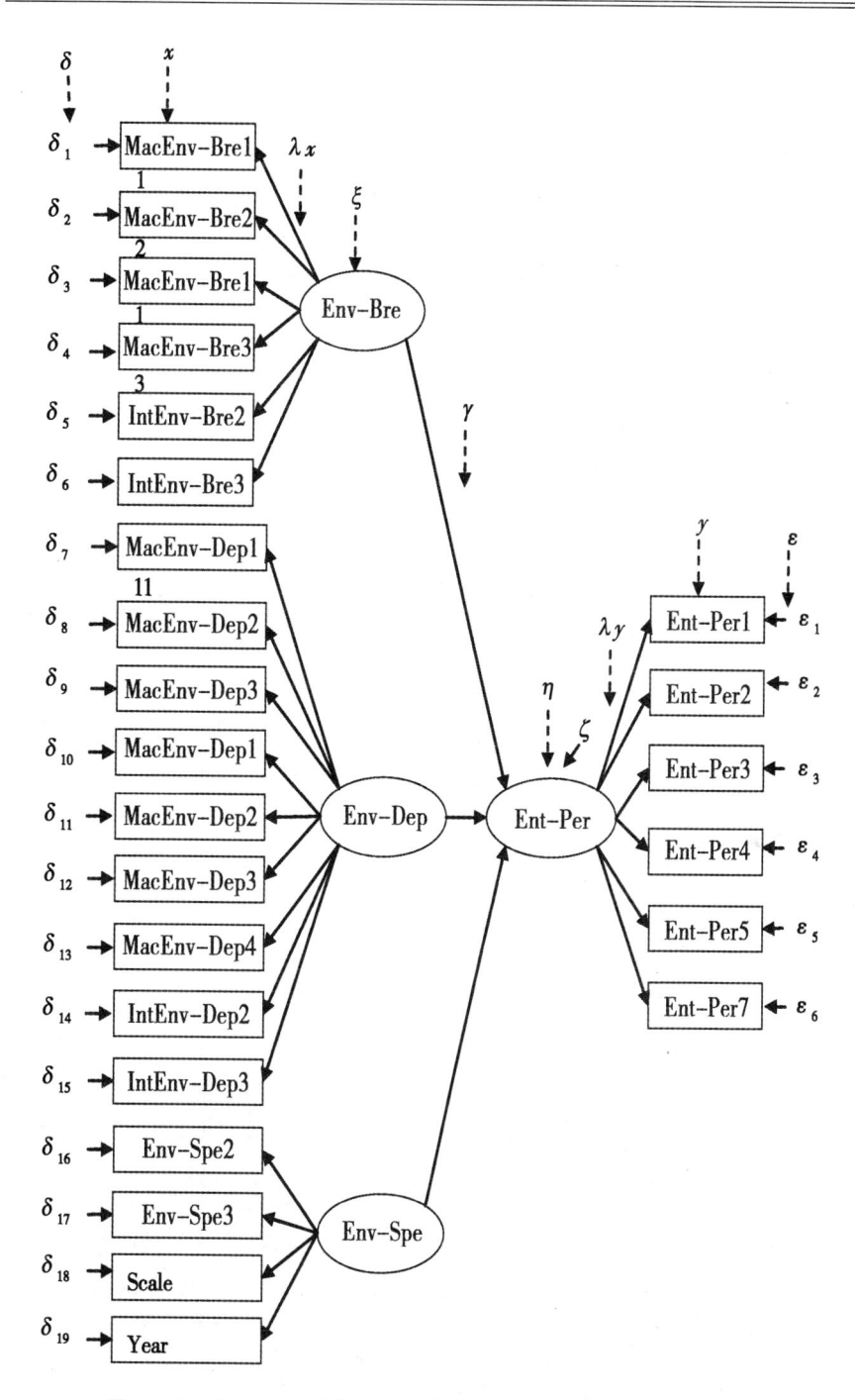

图 6-1　企业环境供给对企业绩效影响的初始结构方程模型

整个模型的设定条件如下：

①模型中有19个外生测量变量 x（Env-Bre1，…，Year），6个内生测量变量 y（Ent-Per1，…，Ent-Per7）；

②模型中有3个外生潜变量 ξ（Env-Bre，Env-Dep，Env-Sep），1个内生潜变量 η（Ent-Per）；

③模型中有19个外生测量残差 δ（δ_1，…，δ_{19}），6个内生测量残差 ε（ε_1，…，ε_6），1个解释残差 ζ，其方差被自由估计。残差变量的作用是为了保证验证过程能够成立，因为从问卷得出的指标值难免会存在一定的误差，要使指标值完全地匹配于模型几乎是不可能的。为了使路径能够验证，概念模型得到证明，必须引入残差变量；

④内生潜在变量被外生潜在变量解释，产生3个结构参数 γ（γ_1，γ_2，γ_3）。结构参数也即外生潜变量对内生潜变量的回归系数；

⑤每个测量变量仅受单一潜在变量影响（单维假设），故产生19个外生测量变量因子负荷参数 λx 与6个内生测量变量因子负荷参数 λy；

⑥为了使潜在变量的度量单位（scale）得以确立，潜在变量的第一个因子负荷量被设定为1，共有3个因子负荷量被设定为1。

二 模型拟合与修正结果

模型的拟合也就是模型参数的估计过程。本研究利用 AMOS17.0 软件求得各参数的估计值。

在 AMOS 软件中，最常用的估计方法是极大似然法（maximum likelihood，ML），因为 ML 法较其他方法更为稳定和精确。利用 ML 法对结构方程模型进行估计，要求使用的数据为多元正态分布。数据的正态分布性与检验测量变量的偏度和峰度值有关。通常认为样本数据满足中值与中位数相近，斜度（Skewness）绝对值小于2，峰度（Kurtosis）绝对值小于5，即可认为是正态分布（Ghiselli et al.，1981）。但也有不少研究显示，在多数情况下，就算变量不是正态分布，ML 估计仍然是合适的（侯杰泰、温忠麟、成子娟，2004）[①]。除

---

① 侯杰泰、温忠麟、成子娟：《结构方程模型及其应用》，教育科学出版社2004年版，第129页。

非变量峰度的绝对值超过25时，才会影响ML的估计。本书样本数据的斜度和峰度分布见附录2，斜度的绝对值都小于2，峰度的绝对值皆小于5，本书认为，研究中所适用的数据服从正态分布，可以用于极大似然估计处理。

AMOS17.0软件不仅给出了模型的检验结果，同时还给出了修正指数（Modification Index，MI）。MI是表示模型中某个受限制的参数（通常是固定为0的参数）。若允许自由估计，模型会因此而改良整个模型的卡方减少的数值。从模型的MI值来看，发现有个别指数间的MI值还是比较高，拟合指数也不是非常好，说明模型有进一步修正的空间。拟合指数是比较再生协方差矩阵与样本协方差矩阵之间差异的指标，检验模型是否与数据拟合，反映了测量和结构部分的总拟合程度。模型内每个参数是否都达到显著水平，也是检测模型内在质量的一项重要指标。从模型的拟合指数来看，有些指数没有达到评价标准。本书将在考虑到理论的合理性、修正指数及简效原则的基础上，适度地根据理论修饰初始模型，并逐一检视修饰过后的研究假设是否成立。经过多次的模型修正后，我们发现模型的拟合指数还是比较好的，但是也发现有个别拟合指标不是非常好，按照伯格兹和易（Bagozzi & Yi，1988）[①]的看法，当结构方程模型比较复杂时，在其他指数已经达到标准的情况下，极少数拟合指数与标准稍微有所差距是可以接受的。因此，可以认为模型的拟合达到了研究所需的要求。

AMOS17.0对环境供给视角的企业环境管理对企业绩效影响的模型路径分析的相关参数标准化估计值及其标准误详见路径图6-2。环境供给视角的企业环境管理对企业绩效影响的模型路径分析的拟合指数 $\chi^2/df = 1.500$、RMSEA = 0.058、NFI = 0.897、NNFI = 0.943、CFI = 0.962、GFI = 0.870，所有指数检验值均满足评价标准，因此，可以认为模型的拟合度良好，模型可以很好地表示环境供给视角的企业环境管理对企业绩效的影响。

---

① Bagozzi R. P., & Yi Y., On the Evaluation of Structural Equation Models, *Journal of the Academy of Marketing Science*, 1988, Vol. 16, No. 1, pp. 74 – 94.

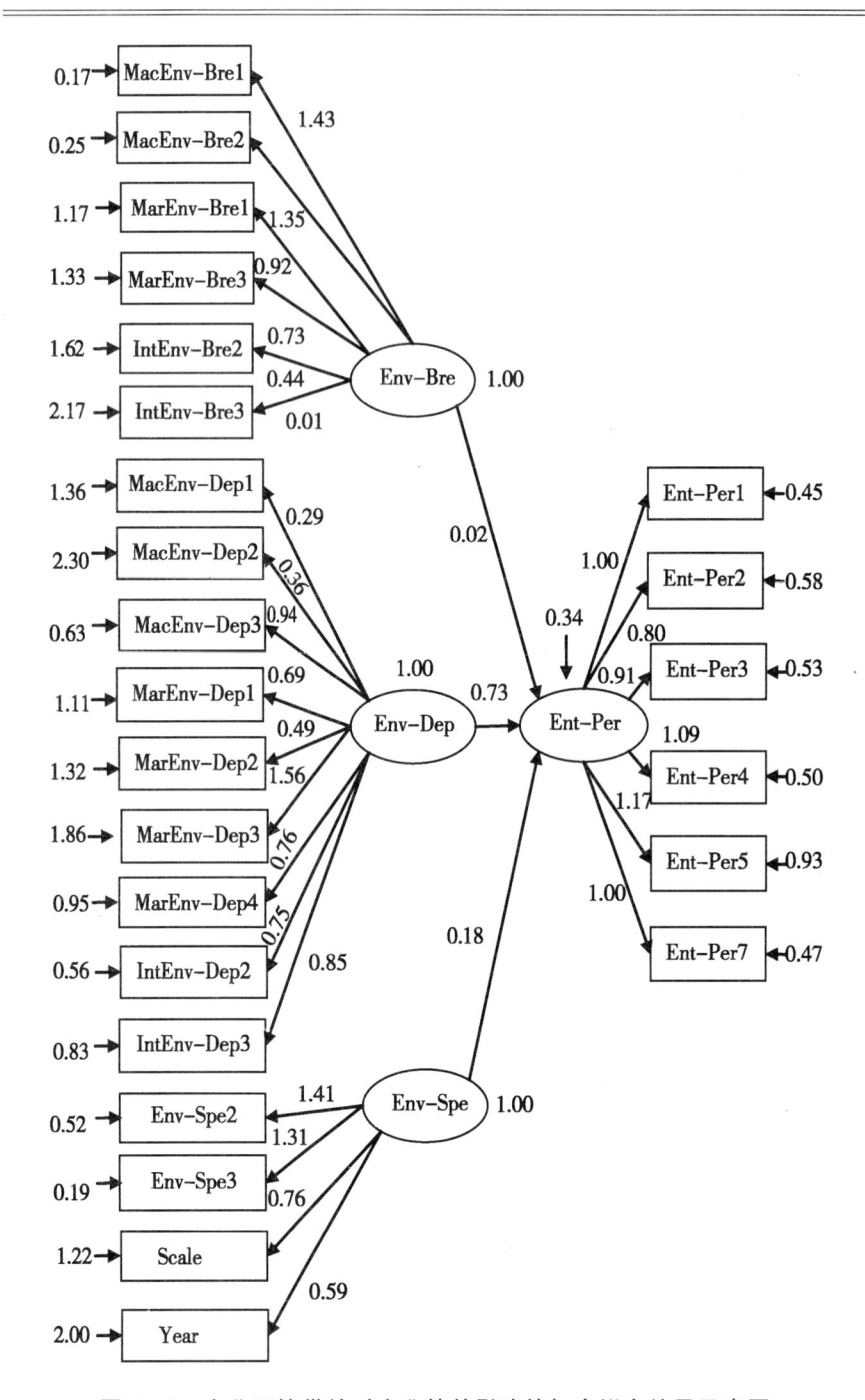

图 6-2 企业环境供给对企业绩效影响的初次拟合结果示意图

第二节 数据结果对研究假设的验证

拟合后的结构方程模型的结构参数估计结果如表 6-1 所示。从中可以看出哪些假设通过了检验,哪些假设没有通过检验。

表 6-1　企业环境供给对企业绩效影响中潜变量的参数估计

路径			Estimate	S. E.	C. R.	P	Label
Ent – Per	←	Env – Bre	0.016	0.054	0.29	0.772	par_ 15
Ent – Per	←	Env – Dep	0.726	0.083	8.777	***	par_ 16
Ent – Per	←	Env – Spe	0.182	0.057	3.181	0.001	par_ 24
MacEnv – Bre1	←	Env – Bre	1.434	0.085	16.942	***	par_ 1
MacEnv – Bre2	←	Env – Bre	1.354	0.085	15.881	***	par_ 2
MarEnv – Bre1	←	Env – Bre	0.924	0.101	9.184	***	par_ 3
MarEnv – Bre3	←	Env – Bre	0.730	0.101	7.223	***	par_ 4
IntEnv – Bre2	←	Env – Bre	0.436	0.100	4.365	***	par_ 5
IntEnv – Bre3	←	Env – Bre	0.010	0.103	0.096	0.923	par_ 6
MacEnv – Dep2	←	Env – Dep	0.364	0.137	2.658	0.008	par_ 7
MacEnv – Dep3	←	Env – Dep	0.937	0.086	10.872	***	par_ 8
MarEnv – Dep1	←	Env – Dep	0.693	0.098	7.065	***	par_ 9
MarEnv – Dep2	←	Env – Dep	0.486	0.104	4.676	***	par_ 10
MarEnv – Dep3	←	Env – Dep	1.559	0.239	6.533	***	par_ 11
MarEnv – Dep4	←	Env – Dep	0.763	0.098	7.803	***	par_ 12
IntEnv – Dep2	←	Env – Dep	0.748	0.078	9.585	***	par_ 13
IntEnv – Dep3	←	Env – Dep	0.851	0.092	9.241	***	par_ 14
Ent – Per3	←	Ent – Per	0.906	0.076	11.930	***	par_ 17
Ent – Per4	←	Ent – Per	1.088	0.097	11.187	***	par_ 18
Ent – Per5	←	Ent – Per	1.175	0.135	8.713	***	par_ 19
Ent – Per7	←	Ent – Per	1.002	0.093	10.753	***	par_ 20
Ent – Per2	←	Ent – Per	0.799	0.067	11.842	***	par_ 21
Env – Spe2	←	Env – Spe	1.137	0.097	11.703	***	par_ 22
Env – Spe3	←	Env – Spe	1.313	0.092	14.290	***	par_ 23
Scale	←	Env – Spe	0.763	0.095	8.067	***	par_ 25

续表

路径			Estimate	S. E.	C. R.	P	Label
Year	←	Env – Spe	0.594	0.119	4.982	***	par_26
Ent – Per1	←	Ent – Per	1.000				
MacEnv – Dep1	←	Env – Dep	0.293	0.228	1.288	0.198	par_28

AMOS 参数的显著性检验是以 P 值检验来进行的，P 值越小表示显著性强度越强，P 值 < 0.05 表示在 0.05 的水平上显著；P 绝对值 < 0.01 表示在 0.01 的水平上显著；P 值 < 0.001 表示在 0.001 的水平上显著（邱皓政、林碧芳，2009）[①]。从表 6 – 1 可以看出 28 个回归系数中，除 3 个指标和参照指标外，其余 C.R. 绝对值均大于 1.96。

下面，将运用模型数据分析结果逐一对本研究提出的假设进行检验和讨论。

（1）企业环境供给与企业绩效间相互关系的实证检验

实证检验企业环境供给与企业绩效间的影响，即是检验假设 H1 是否成立。

假设 H11：企业环境供给速度与企业绩效呈正向影响。

通过结构方程模型，可以发现，企业环境供给速度对企业绩效、路径系数的标准化估计值为 0.057，非标准化估计值为 0.182，P 值为 0.001，表明该估计参数在 0.01 的显著性水平下显著，即假设 H11 在 0.01 显著性水平下获得实证意义上的支持。说明企业环境供给速度对企业绩效有显著的正向影响，企业通过自身对环境的管理提高新环境供给速度对企业绩效能产生积极的影响。故假设 H11 成立。

假设 H12：企业环境供给广度与企业绩效呈正向影响。

通过结构方程模型，可以发现，企业环境供给广度对企业绩效、路径系数的标准化估计值为 0.054，非标准化估计值为 0.016，P 值

---

① 邱皓政、林碧芳：《结构方程模型的原理与应用》，中国轻工业出版社 2009 年版，第 238 页。

为 0.772，大于 0.05，表明该估计参数在 0.05 的显著性水平下不显著，即假设 H12 在 0.05 显著性水平下没有获得实证意义上的支持。分析企业环境供给广度对企业绩效不显著的原因可能是企业对只关注环境的各个维度来说，如果只是停留在关注或重视该环境维度的角度，而没有实际的行动通过企业对自身环境的管理提供新环境供给的深度（即企业关注环境维度的多少而不是对其采取行动或措施），对企业绩效是不会有影响的。故假设 H12 不成立。

假设 H13：企业环境供给深度与企业绩效呈正向影响。

通过结构方程模型，可以发现，企业环境供给深度对企业绩效、路径系数的标准化估计值为 0.083，非标准化估计值为 0.726，P 值小于 0.001，表明该估计参数在 0.001 的显著性水平下显著，即假设 H13 在 0.001 显著性水平下获得实证意义上的支持。说明企业环境供给深度对企业绩效有显著的正向影响，企业通过自身对环境的管理提高新环境供给深度对企业绩效能产生积极的影响。故假设 H13 成立。

（2）企业是否积极关注自身外部市场环境的管理与企业环境供给广度的实证检验

实证检验企业是否积极关注自身外部市场环境的管理与企业环境供给广度的影响，即是检验假设 H2 是否成立。

假设 H21：企业是否积极关注行业间竞争者的竞争管理与企业环境供给广度呈正向影响。

通过结构方程模型，可以发现，企业是否积极关注行业间竞争者的竞争管理与企业环境供给广度，路径系数的标准化估计值为 0.101，非标准化估计值为 0.924，P 值小于 0.001，表明该估计参数在 0.001 的显著性水平下显著，即假设 H21 在 0.001 显著性水平下获得实证意义上的支持。说明企业是否积极关注行业间竞争者的竞争管理与企业环境供给广度有显著的正向影响。故假设 H21 成立。

假设 H23：企业是否积极关注下游购买者的管理与企业环境供给广度呈正向影响。

通过结构方程模型，可以发现，企业是否积极关注下游购买者的管理与企业环境供给广度，路径系数的标准化估计值为 0.101，非标准化估计值为 0.73，P 值小于 0.001，表明该估计参数在 0.001 的显著性水平下显著，即假设 H23 在 0.001 显著性水平下获得实证意义上的支持。说明企业是否积极关注下游购买者的管理与企业环境供给广度有显著的正向影响。故假设 H23 成立。

（3）企业是否积极关注自身内部环境管理与企业环境供给广度的实证检验

实证检验企业是否积极关注自身内部环境管理与企业环境供给广度的影响，即是检验假设 H3 是否成立。

H32：企业是否积极关注自身资源的管理和利用与企业环境供给广度呈正向影响。

通过结构方程模型，可以发现，企业是否积极关注自身资源的管理和利用与企业环境供给广度，路径系数的标准化估计值为 0.1，非标准化估计值为 0.436，P 值小于 0.001，表明该估计参数在 0.001 的显著性水平下显著，即假设 H32 在 0.001 显著性水平下获得实证意义上的支持。说明企业是否积极关注自身资源的管理和利用与企业环境供给广度有显著的正向影响。故假设 H32 成立。

H33：企业是否积极关注自身企业文化的管理与企业环境供给广度呈正向影响。

通过结构方程模型，可以发现，企业是否积极关注自身企业文化的管理与企业环境供给广度，路径系数的标准化估计值为 0.103，非标准化估计值为 0.01，P 值大于 0.05，表明该估计参数即使在 0.05 的显著性水平下也不显著，企业是否积极关注自身企业文化的管理与企业环境供给广度的路径关系不明显。不能说明企业是否关注自身企业文化的管理与企业环境供给广度有显著的正向影响。故假设 H33 不能获得实证意义上的支持。

企业是否关注自身企业文化的管理与企业环境供给广度的影响不显著的原因可能是样本中国有企业和小型民营企业比较多，并且国有企业和小型民营企业的特点决定其可能对自身文化建设的重视程度不够。因而企业是否关注自身企业文化的管理与企业环境供给广度的影响不显著。

(4) 企业是否积极关注自身外部宏观环境管理与企业环境供给广度的实证检验

实证检验企业是否积极关注自身外部宏观环境管理与企业环境供给广度的影响，即是检验假设 H4 是否成立。

H41：企业是否积极关注自身外部经济环境的管理与企业环境供给广度呈正向影响。

通过结构方程模型，可以发现，外部环境非均衡性对企业 R&D 的投资水平，路径系数的标准化估计值为 0.085，非标准化估计值为 0.434，P 值小于 0.001，表明该估计参数在 0.001 的显著性水平下显著，即假设 H41 在 0.001 显著性水平下获得实证意义上的支持。说明企业是否积极关注自身外部经济环境的管理与企业环境供给广度有显著的正向影响。故假设 H41 成立。

H42：企业是否积极关注自身外部政治环境的管理程度与企业环境供给广度呈正向影响。

通过结构方程模型，可以发现，企业是否积极关注自身外部政治环境的管理程度与企业环境供给广度，路径系数的标准化估计值为 0.085，非标准化估计值为 1.354，P 值小于 0.001，表明该估计参数在 0.001 的显著性水平下显著，即假设 H42 在 0.001 显著性水平下获得实证意义上的支持。说明企业是否积极关注自身外部政治环境的管理程度与企业环境供给广度有显著的正向影响。故假设 H42 成立。

(5) 企业对自身外部市场环境的管理程度与企业环境供给深度的实证检验

实证检验企业对自身外部市场环境的管理程度与企业环境供给深度的影响，即是检验假设 H5 是否成立。

H51：企业对行业间竞争者的管理程度与企业环境供给深度呈正向影响。

通过结构方程模型，可以发现，企业对行业间竞争者的管理程度与企业环境供给深度，路径系数的标准化估计值为 0.098，非标准化估计值为 0.693，P 值小于 0.001，表明该估计参数在 0.001 的显著性水平下显著，即假设 H51 在 0.001 显著性水平下获得实证意义上的支持。说明企业对行业间竞争者的管理程度与企业环境供给深度有显著的影响。故假设 H51 成立。

H52：企业对上游供应商的管理程度与企业环境供给深度呈正向影响。

通过结构方程模型，可以发现，企业对上游供应商的管理程度与企业环境供给深度，路径系数的标准化估计值为 0.104，非标准化估计值为 0.486，P 值小于 0.001，表明该估计参数在 0.001 的显著性水平下显著，即假设 H52 在 0.001 显著性水平下获得实证意义上的支持。说明企业对上游供应商的管理程度与企业环境供给深度有显著的影响。故假设 H52 成立。

H53：企业对下游购买者的管理程度与企业环境供给深度呈正向影响。

通过结构方程模型，可以发现，企业对下游购买者的管理程度与企业环境供给深度，路径系数的标准化估计值为 0.098，非标准化估计值为 0.763，P 值小于 0.001，表明该估计参数在 0.001 的显著性水平下显著，即假设 H53 在 0.001 显著性水平下获得实证意义上的支持。说明企业对下游购买者的管理程度与企业环境供给深度有显著的影响。故假设 H53 成立。

（6）企业对自身内部环境管理程度与企业环境供给深度的实证检验

实证检验企业对自身内部环境管理程度与企业环境供给深度的影响，即是检验假设 H6 是否成立。

H62：企业对自身资源的管理和利用程度与企业环境供给深度呈正向影响。

通过结构方程模型，可以发现，企业对自身资源的管理和利用程度与企业环境供给深度，路径系数的标准化估计值为 0.078，非标准化估计值为 0.748，P 值小于 0.001，表明该估计参数在 0.001 的显著性水平下显著，即假设 H62 在 0.001 显著性水平下获得实证意义上的支持。说明企业对自身资源的管理和利用程度与企业环境供给深度有显著的正向影响。故假设 H62 成立。

H63：企业对自身企业文化的管理程度与企业环境供给深度呈正向影响。

通过结构方程模型，可以发现，企业对自身企业文化的管理程度与企业环境供给深度，路径系数的标准化估计值为 0.092，非标准化估计值为 0.851，P 值小于 0.001，表明该估计参数在 0.001 的显著性水平下显著，即假设 H63 在 0.001 显著性水平下获得实证意义上的支持。说明企业对自身企业文化的管理程度与企业环境供给深度有显著的正向影响。故假设 H63 成立。

（7）企业对自身外部宏观环境管理程度与企业环境供给深度的实证检验

实证检验企业对自身外部宏观环境管理程度与企业环境供给深度的影响，即是检验假设 H7 是否成立。

H71：企业对自身外部经济环境的管理程度与企业环境供给深度呈正向影响。

通过结构方程模型，可以发现，企业对自身外部经济环境的管理程度与企业环境供给深度，路径系数的标准化估计值为 0.228，非标准化估计值为 0.293，P 值为 0.198，大于 0.05，表明该估计参数即使在 0.05 的显著性水平下也不显著，即假设 H71 在 0.05 显著性水平下没有获得实证意义上的支持。企业对自身外部经济环境的管理程度与企业环境供给深度的路径关系不明显。不能说明企业对自身外部经济环境的管理程度与企业环境供给深度有显著的正向影响。故假设 H71 不成立。

企业对自身外部经济环境的管理程度与企业环境供给深度的影响不显著可能也在于样本中国有企业和小型民营企业居多的原因，由于很多国有企业长期以来还是靠政府的政策吃饭，导致对经济大环境变化的管理应对供给能力不强。我国小型民营企业可能也是由于自身能力的限制，导致其对于外界经济大环境变化产生积极响应和提供新环境供给能力有限，这也就说明了为什么在 2008 年经济危机时，我国深圳的很多小型民营企业纷纷倒闭。

H72：企业对自身外部政治环境的管理程度与企业环境供给深度

呈正向影响。

通过结构方程模型，可以发现，企业对自身外部政治环境的管理程度与企业环境供给深度，路径系数的标准化估计值为 0.137，非标准化估计值为 0.364，P 值为 0.008，小于 0.01，表明该估计参数在 0.01 的显著性水平下显著，即假设 H72 在 0.01 显著性水平下获得实证意义上的支持。说明企业对自身外部政治环境的管理程度与企业环境供给深度有显著的正向影响。故假设 H72 成立。

H73：企业对自身内外部技术环境的管理程度与企业环境供给深度呈正向影响。

通过结构方程模型，可以发现，企业对自身内外部技术环境的管理程度与企业环境供给深度，路径系数的标准化估计值为 0.086，非标准化估计值为 0.937，P 值小于 0.001，表明该估计参数在 0.001 的显著性水平下显著，即假设 H73 在 0.001 显著性水平下获得实证意义上的支持。说明企业对自身内外部技术环境的管理程度与企业环境供给深度有显著的正向影响。故假设 H73 成立。

（8）企业环境供给速度的实证检验

实证检验企业对自身内外部环境关注、预警和响应程度与企业环境供给速度的影响，即是检验假设 H8 是否成立。

H82：企业对环境变化的预警程度与企业环境供给速度呈正向影响。

通过结构方程模型，可以发现，企业对环境变化的预警程度与企业环境供给速度，路径系数的标准化估计值为 0.097，非标准化估计值为 1.137，P 值小于 0.001，表明该估计参数在 0.001 的显著性水平下显著，即假设 H82 在 0.001 显著性水平下获得实证意义上的支持。企业对环境变化的预警程度与企业环境供给速度有显著的正向影响。故假设 H82 成立。

H83：企业对环境变化的响应程度与企业环境供给速度呈正向影响。

通过结构方程模型，可以发现，企业对环境变化的响应程度与企业环境供给速度，路径系数的标准化估计值为 0.092，非标准化估计值为 1.313，P 值小于 0.001，表明该估计参数在 0.001 的显著性水平下显著，即假设 H83 在 0.001 显著性水平下获得实证意义上的支持。企业对环境变化的响应程度与企业环境供给速度有显著的正向影响。故假设 H83 成立。

根据数据分析的结果可以归纳出数据分析对研究假设的检验结果，如表 6-2 所示。

表 6-2　　　　　　　数据分析对研究假设的检验结果

假设	假设内容	是否支持假设
H1	企业环境供给与企业绩效之间呈正向影响。	
H11	企业环境供给速度与企业绩效呈正向影响。	支持
H12	企业环境供给广度与企业绩效呈正向影响。	不支持
H13	企业环境供给深度与企业绩效呈正向影响。	支持
H2	企业是否积极关注自身外部市场环境的管理与企业环境供给广度呈正向影响。	
H21	企业是否积极关注行业间竞争者的竞争管理与企业环境供给广度呈正向影响。	支持
H22	企业是否积极关注上游供应商的管理与企业环境供给广度呈正向影响。	不支持
H23	企业是否积极关注下游购买者的管理与企业环境供给广度呈正向影响。	支持
H3	企业是否积极关注自身内部环境管理与企业环境供给广度呈正向影响。	
H31	企业是否积极关注内部管理者的管理与企业环境供给广度呈正向影响。	不支持
H32	企业是否积极关注自身资源的管理和利用与企业环境供给广度呈正向影响。	支持
H33	企业是否积极关注自身企业文化的管理与企业环境供给广度呈正向影响。	不支持
H4	企业是否积极关注自身外部宏观环境管理与企业环境供给广度呈正向影响。	
H41	企业是否积极关注自身外部经济环境的管理与企业环境供给广度呈正向影响。	支持
H42	企业是否积极关注自身外部政治环境的管理程度与企业环境供给广度呈正向影响。	支持
H43	企业是否积极关注自身内外部技术环境的管理程度与企业环境供给广度呈正向影响。	不支持
H5	企业对自身外部市场环境的管理程度与企业环境供给深度呈正向影响。	
H51	企业对行业间竞争者的管理程度与企业环境供给深度呈正向影响。	支持

续表

假设	假设内容	是否支持假设
H52	企业对上游供应商的管理程度与企业环境供给深度呈正向影响。	支持
H54	企业对下游购买者的管理程度与企业环境供给深度呈正向影响。	支持
H6	企业对自身内部环境管理程度与企业环境供给深度呈正向影响。	
H61	企业对内部管理者的管理程度与企业环境供给深度呈正向影响。	不支持
H62	企业对自身资源的管理和利用程度与企业环境供给深度呈正向影响。	支持
H63	企业对自身企业文化的管理程度与企业环境供给深度呈正向影响。	支持
H7	企业对自身外部宏观环境管理程度与企业环境供给深度呈正向影响。	
H71	企业对自身外部经济环境的管理程度与企业环境供给深度呈正向影响。	不支持
H72	企业对自身外部政治环境的管理程度与企业环境供给深度呈正向影响。	支持
H73	企业对自身内外部技术环境的管理程度与企业环境供给深度呈正向影响。	支持
H8	企业对自身内外部环境关注、预警和响应程度与企业环境供给速度呈正向影响。	
H81	企业对环境变化的关注程度与企业环境供给速度呈正向影响。	不支持
H82	企业对环境变化的预警程度与企业环境供给速度呈正向影响。	支持
H83	企业对环境变化的响应程度与企业环境供给速度呈正向影响。	支持

第三节 结果讨论

围绕本书所要研究的问题，即在企业供给视角下企业对环境的管理与企业绩效之间所存在的关联性问题，在理论分析与实地访谈的基础上，本书提出了企业企业环境与企业绩效的关系研究的概念模型。具体来说，本书认为企业通过对自身内外部环境的有效管理进而为企业提供一个有效的新环境供给，这个新环境的供给在供给速度、广度和深度上对企业的绩效产生关联性的影响。本书以149家企业为样本，通过大样本实证研究，本章对第四章提出的理论假设进行了实证验证。研究结果表明，上述概念模型基本通过验证，企业环境供给速

证，企业环境供给速度与企业环境供给深度对企业绩效存在显著的关联性影响。接下来，本书将对以上结果进行进一步的讨论分析。

一 企业环境供给速度与企业绩效的关联性讨论

前文的实证检验说明，企业环境的供给速度对企业绩效存在着显著的正向影响。

从企业环境供给速度对企业绩效的影响的实证检验结果来看，企业环境供给速度虽然和企业绩效存在显著的正向相关影响，说明企业通过对自身内外部环境的有效管理提高新环境供给的速度可以对企业绩效有趋于正向的影响。但是，从企业对自身内外部环境关注、预警和响应程度与企业环境供给速度的影响的三个维度的假设中我们也可以看见，企业对环境变化的预警程度与企业环境供给速度呈正向相关的假设和企业对环境变化的响应程度与企业环境供给速度呈正向相关的假设得到了支持，而企业对环境变化的关注程度与企业环境供给速度呈正向相关的假设没有得到实证检验的支持。

从理论上来说，企业对环境变化的关注程度与企业环境供给速度呈正向相关的假设没有得到实证检验的支持的原因可能是，企业仅仅只是关注内外部环境变化而没有对内外部环境变化形成良好的预警与应急响应的机制，是不能对企业环境供给速度产生影响的。因此，企业要加强自身对于内外部环境变化的预警与应急响应机制的环境管理而不只是停留在关注内外部环境变化的基础上，才能使企业获得良好的新环境供给的速度，进而对企业绩效产生积极正向的影响。

二 企业环境供给广度与企业绩效的关联性讨论

企业环境供给速度对企业绩效有显著的正向影响，已得到了实证检验。但是，企业环境供给广度和企业绩效存在正向影响吗？或者说，企业绩效是否和企业环境供给的广度相关呢？本研究接下来探讨企业环境供给广度与企业绩效间的相互关系。

从实证结果来看，企业环境供给广度与企业绩效呈正向影响的假设没有得到实证检验的支持，说明企业环境供给广度与企业绩效间不存在显著的影响，即不存在关联性。从理论上来说，可能是由于企业环境供给广度的各维度的假设中都是关于企业是否关注自身宏观环境、市场环境以及企业内部环境的管理等方面。这里也和上面企业环境供给速度所得的结论相互印证了，即企业仅仅只是关注环境，关注环境维度或子环境的多少对企业绩效不会产生影响，即没有关联性。企业只有在关注环境的同时，通过自身对环境各个维度或子环境的有效合理的管理才能对企业绩效产生积极正向的影响。这也就是企业环境供给深度和企业绩效存在显著相关的原因所在。

在从企业环境供给广度的各个子假设来看，也发现一些假设没有被实证检验所支持。例如：企业是否积极关注上游供应商的管理与企业环境供给广度呈正向相关的假设；企业是否积极关注内部管理者的管理与企业环境供给广度呈正向相关的假设；企业是否积极关注自身企业文化的管理与企业环境供给广度呈正向相关的假设；企业是否积极关注自身内外部技术环境的管理程度与企业环境供给广度呈正向相关的假设都没有得到支持。从理论上来说，可能与调研样本中国有企业和小型民营企业所占比重较大有一定的关系，即从一般国有企业的角度来说，由于一部分国有企业对环境管理的总体认识不够，再加上长期以来形成的靠政策吃饭的习惯，导致我国一部分国有企业对企业内外部环境的关注度不够。小型民营企业由于其自身的能力有限，加上趋利性明显等特征，所以对于像供应商、管理者、企业文化及技术更新等方面的关注度不明显，这也是造成以上假设得不到支持的原因。因此，通过以上的实证检验可以得出，我国的一部分国有企业和小型民营企业对于企业内外部环境的关注度不高，进而可能会影响企业对自身内外部环境管理提供新环境供给的速度和深度及对企业绩效产生不利影响。

三 企业环境供给深度与企业绩效的关联性讨论

从企业环境供给深度与企业绩效的实证检验结果来看，企业环境供给深度对企业绩效呈正相关，显著性水平均达到了 0.001（详见表 6-1、表 6-2），表明企业环境供给深度可以解释企业绩效，是企业绩效的重要影响因素。

这一结论也和前面所提的企业环境供给速度中的企业对环境变化的关注程度与企业环境供给速度呈正向相关的子假设和企业环境供给广度与企业绩效呈正向影响的假设相一致，即企业如果仅仅关注企业自身的内外部环境而不采取有效的管理措施和策略提供良好的环境供给深度和速度，对企业绩效是不会产生影响的。因此，企业只有在关注企业内外部环境的同时对其所关注的环境进行一个有效的管理，提供良好的环境供给深度和速度，才能使企业绩效有所提高。

最后，再从企业环境供给深度的子假设来看，除了企业对自身外部经济环境的管理程度与企业环境供给深度呈正向相关的子假设和企业对内部管理者的管理程度与企业环境供给深度呈正向相关的子假设没有得到实证检验的支持外，其余有关企业环境供给深度的子假设全部得到了实证检验的支持。从理论上来分析，以上两个假设没有得到支持的原因可能是我国一部分国有企业不重视经济环境的管理，认为有国家这个后台可以依靠的现实，导致其对经济变化这个大环境的重视和管理程度不够。而小型民营企业则由于对于经济环境的管理能力十分有限，这也是金融危机到来时，我国许多小企业纷纷倒闭的原因。其中，企业内外部管理者的管理程度与企业环境供给深度呈正向相关的假设没有得到支持的原因也反映了我国国有企业自身人事提拔制度的特点。对于小型民营企业而言，由于自身的规模限制加上自身对于成本的控制，导致其对人事管理的程度明显不如其他环境要素管理的程度也是可以理解的。

第四节 本章小结

本章为实证分析，对第四章提出的研究假设进行检验。首先，从结构方程模型分析模型本身、模型拟合结果及进行讨论。其次，从数据结果入手对研究假设进行逐一的检验。最后，对模型的研究结果进行总结性的分析与讨论。

从假设的结果来看，三个大的基本假设中，企业环境供给速度和企业环境供给深度对企业绩效存在显著的正向影响。而企业环境供给的广度对企业绩效则影响不显著。其余的子假设中除个别假设得不到支持外,其余都通过了检验。

那么对于以上实证检验结果在企业中是否能得到一个有效的印证呢?本书下一章节就通过对实际企业真实案例的研究,来印证企业怎么通过对自身环境的有效管理进行新环境的供给,在环境供给速度与深度上是怎么影响企业绩效的。

第七章

深度访谈分析与讨论

在前面的章节中已经从环境供给的视角对企业环境管理对企业绩效的影响等相关问题进行了实证研究,从中也得出了一些结论。但是应该注意的是,在现实多变的市场环境中,企业行为也是多变、鲜活及生动的,如果仅仅只关注问卷结果和一些统计方面的数据,可能会使我们忽略关注企业在环境管理中的一些重要过程和细节。而这些重要的细节和过程可能也反映着企业在其环境管理中的一些重要信息,对研究者来说可能承载着重要的研究意义。与此同时,企业对环境管理的方法与手段对绩效产生的影响也直接与企业所处的具体环境情境有着不可分割的密切关系,不同的环境情境直接影响着企业对环境管理的方法与手段的选择从而也直接影响着企业绩效。正如罗伯特·K.殷(2004)所说的"难以从所处情境中分离出来的现象",所以有必要采用实地案例研究的方法结合实证研究的结果,以便对企业环境管理对绩效的影响问题有一个更全面的认识与了解。

本章主要以江铃汽车集团、武汉重型机床厂、江麓容大和山河智能等企业的实地调研访谈为例,研究它们的发展成长过程中的从环境供给视角下的企业环境管理行为对绩效关系的影响问题。

第一节 实地调研企业背景

在经济高速发展的今天,中国的企业怎样面对快速多变的环境,已成为我们日益关注的问题。对企业环境的管理也已成为我国企业管理的重要内容,本书通过对我国多个地区不同规模、不同性质的企业实地调查研究后发现,我国不同地区与不同性质的企业对企业环境管理存在很大差异,企业对企业环境管理的结果的好坏直接影响到企业环境供给的优劣,进而影响到企业的短期和长期绩效,对企业的可持续发展也有着显著的影响。

回顾我国改革开放以来的30多年历程,我们可以清楚地看到,中国企业的企业环境管理水平有了很大的提高,也使得我国的企业在改革开放的浪潮中高速发展,成为中国经济体制改革的重要组成部分。在这个时期,中国的国有企业改革也取得了巨大的进展,对促进中国的经济体制向社会主义市场经济转变和中国经济的发展都起到巨大的作用。但是,随着我国经济体制改革日益深化,市场机制在资源配置中的比重越来越大,环境对于我国企业发展的影响日益明显,给企业的生存与选择带来了巨大的压力。正如美国管理学大师彼得·德鲁克(Peter Drucker)[1]所说的:"对于那些拥有多年经验的大公司而言,'去做什么'正日益成为挑战性的中心。突降的灾难已经不再令人惊讶,一家昨日尚且如日中天的超级企业,一日之内也许会发现自己僵化腐朽,陷于绝境又难以自拔。"这种压力主要来源于企业商品的市场承载力、竞争对手的威胁、资源的获取与组织的惯性等方面。[2]所以,如何认识和把握环境,进行科学的决策,管理好企业自身的环境问题,包括企业的内部环境管理与外部环境管理问题是我国国有企业管理实践中迫切需要解决的难题,也必将成为我国国有企业今后发展的首要问题。[3]

因此,怎样以科学发展观为指导,着眼于我国的国情,深入研究企业环境管理的有关问题,对于提升企业的决策能力、执行能力、适应环境和控制环境的能力,都具有重要的理论价值和实际意义。所

---

[1] P. 德鲁克:《未来的管理》,李小刚译,四川人民出版社2000年版,第2页。
[2] 赵锡斌、夏频:《动态环境中企业选择的压力及对策》,《江汉论坛》2004年第5期。
[3] 赵锡斌:《企业环境分析与调适——理论与方法》,中国社会科学出版社2007年版,第178页。

以，笔者通过对我国不同地区、不同性质、不同规模的几家企业的实地调研走访后发现，我国的企业在应对自身的环境管理问题上有着各自不同的经验。本文着重就这些企业在怎样运用有效的环境管理方法以提升企业的环境供给进而提高企业中、长期绩效水平等方面的经验作一个初步的分析，以求抛砖引玉，引起更多同行专家关注，更好地指导企业实践。

本次访谈背景是在参与导师的国家课题研究的基础上进行的，使得本书有了珍贵的企业一手、真实的案例资料。我们课题组一行五人在2009年11—12月先后走访了中部地区的湖北武汉、江西南昌、湖南长沙的数家不同所有制、不同规模和不同行业企业。在本书的研究中选取其中访谈的四家有代表性的企业就本书研究的企业环境供给对企业绩效的影响关系研究问题进行深入具体的案例剖析研究。这四家企业基本信息如表7-1所示。

表7-1　　　　　　　　访谈企业基本信息

企　业	所在地区	企业所有制	企业规模	所属行业	经营年限	参加访谈人员
武汉重型机床集团有限公司	武汉	国有	大型	重型机床制造业	50	董事长、副总经理、企划部经理
江铃汽车股份有限公司	南昌	国有	大型	汽车制造业	43	品质部经理、党委副书记、工会主席、经营发展部部长
湖南山河智能股份有限公司	长沙	民营	中型	工程机械制造业	11	工会主席、党委副书记、总裁助理、市场部部长
江麓客大车辆传动股份有限公司	长沙	民营	小型	汽车零部件制造	6	公司联合董事长、副总经理

为了访谈的深入，课题组事先将采访提纲通过电子邮件发送给相关企业，让他们有所准备。多数企业对我们的调查访谈十分支持，认为该课题研究很有意义，有的企业准备了书面材料，有的企业则事先召集企业有关人员开会讨论，并专门就访谈的内容制作PPT。访谈采用的是与企业中高层管理者面对面座谈的方式进行，在课题组介绍本课题研究的目的和基本理论后，由企业方管理人员介绍企业的基本情况、发展历程及企业环境状况，然后采取自由交谈的形式进行，在友

好、轻松、互动的氛围中进行。经过企业同意，对访谈的过程、内容进行了录音，便于之后的总结分析。

第二节 企业访谈及结果分析

我们选择中部三省（湖北、江西和湖南）的四家企业作为案例研究的对象，是因为中部地区具有很好的发展基础和优势，特别是区位优势、资源优势、工业基础优势、科技教育优势和历史文化资源优势。但也存在制约发展的突出矛盾和问题，主要是工业化、城市化、市场化水平低，对外开放程度不高，经济增长的动力和活力不足。因此，对于处在该地区的企业更应该从环境供给方面来考虑，怎样为企业提供一个良好的经营环境，提升企业的影响力，从而提高企业的绩效。

在这些访谈中，每一个管理者都谈了他们在管理公司过程中所遇到的独特环境和所面临的挑战，根据他们的谈话，我们对企业外部环境有了新的认识，也增强了笔者继续研究的信心。

一 对江铃集团股份有限公司的访谈

（一）江铃集团股份有限公司简介

江铃汽车股份有限公司（以下简称"江铃"），是中国最大的商用车生产企业之一，已连续五年位列中国上市公司百强。公司于1968年成立，是中国汽车行业的重点骨干企业，国家汽车整车出口基地企业和国家重点支持的大型企业集团之一。

江铃于20世纪80年代中期在中国率先引进国际先进技术制造轻型卡车，成为中国主要的轻型卡车制造商。1993年11月，公司在深圳证券交易所成功发行A股，成为江西省第一家上市公司，并于1995年在中国第一个以ADRs发行B股方式引入外资战略合作伙伴。美国福特汽车公司（以下简称"福特"）现为公司第二大股东。作为江西较早引入外商投资的企业，江铃凭借战略合作伙伴——福特的支持，迅速发展壮大。1997年，江铃/福特成功地推出了中国第一辆真正意义上中外联合开发的汽车——全顺轻客。

近几年，江铃通过与美国福特汽车公司、日本五十铃汽车公司等多家世界优强企业展开合资合作，积极借鉴国内外大企业、大公司先进的制造、工艺技术和经营管理理念，实现了销售、采购、物流、产品开发等体制的不断创新。公司先后通过了 ISO 9002、QS 9000、ISO 9001 质量体系认证和 ISO 14001 环境管理体系认证，2005 年江铃股份公司率先在国内通过 ISO/TS 16949 一体化认证。目前，江铃建立了企业内部专用网络，尤其是 QAD 商务系统的应用，实现了销售、采购、物流、制造、财务结算的科学管理，为建立快速反应的市场运行机制，实现管理流程信息化奠定了基础。值得一提的是江铃集团还拥有博士后科研工作站，以及集整车、发动机设计开发，工艺材料开发，试制实验于一身的国家认定企业技术中心。在汽车震动噪声、道路仿真、发动机增压等技术性能及分析方面具有国内领先水平，具备产品自主开发能力和强大的技术后方，主导产品已发展到涵盖全顺、JMC 轻卡、JMC 皮卡、陆风四大系列 530 多个品种。2006 年 5 月，由长安、江铃共同开发的具有自主知识产权的陆风风尚 MPV 车正式推向市场，2007 年 10 月，江铃首款轿车陆风风华全面上市销售，江铃实现了真正意义上涵盖商用车、乘用车两大领域综合性汽车生产厂家的实质跨越，初步具备了参与宽领域多方位竞争的条件。2009 年 8 月，江铃陆风 X8 上市，标志着江铃汽车在 SUV 领域的竞争力得到进一步巩固与加强。

此外，江铃集团也在进行汽车零部件的战略重组，积极主动寻找合作伙伴，做大做强。在此背景下，中国车用柴油发动机领域具有国际先进水平的重要战略项目——江铃 VM 发动机正式开工研发兴建，江铃与全球最大的齿轮变速箱制造企业之一德国格特拉克公司、世界最大拖拉机厂商印度马亨德公司等先后成立零部件、整机合资企业，江铃零部件产业配合整车规划布局迅速扩张做大做强，以江铃集团为基地，将变速箱输送北美、西欧等地区，将拖拉机销往美国、印度等国家。

公司的主要业务是生产和销售轻型汽车以及相关的零部件。主要产品包括 JMC 系列轻型卡车和皮卡以及福特品牌全顺系列商用车。该公司亦生产发动机、铸件和其他零部件。随着整车、零部件业务双箭齐发，江铃集团主要经济指标销售收入、利税、工业增加值在三年之内均翻了一番。在刚刚过去的"十一五"期间，江铃集团累计销售汽车 30 万辆，累计完成销售收入 385 亿元，与"九五"期间相比分别增长了 3 倍和 2.63 倍；累计赢利超过 26 亿元。"十一五"期间，整个江铃集团框架内，还将投入 20 多亿元用于新车型研发和技改建设，从而在"十一五"末达到年销售收入超 300 亿元、整车年销量超 30 万辆的规模。

据江铃汽车年度财务报告显示，2009 年，公司创纪录地销售了 114688 辆整车，包括 46252 辆 JMC 品牌卡车、34851 辆 JMC 品牌皮卡及 SUV 和 33585 辆福特品牌系列商用车。总销量比上年同期增长 21%。公司总产量为 117955 辆，其中 JMC 品牌卡车 48620 辆，JMC 品牌皮卡及 SUV35183 辆，全顺品牌商用车 34152 辆。公司销量增长点来自行业的增长，JMC 品牌卡车销量比上年同期增长 19%，JMC 品牌皮卡及 SUV 同比增长 21%，全顺品牌商用车同比增长 22%。

2009 年，公司在中国汽车市场取得了约 0.8% 的市场份额，比上年下降 0.2 个百分点（2009 年，公司在中国商用汽车市场取得了约 2.2% 的市场份额，比上年下降 0.4 个百分点）。JMC 轻卡（包括皮卡）在轻卡市场占有 5% 的市场份额，比上年下降 0.5 个百分点。全顺及 JMC 品牌面包车在轻客市场的占有份额为 15.2%，比上年的占有份额增长约 2.3 个百分点。①

（二）访谈内容及其分析

在采访中，江铃企业的管理者表示，企业环境管理的好坏对企业经营发展有着非常重要的影响，甚至起着决定性的作用。

企业环境管理及其新环境的供给能提高管理效率与产品竞争力，为企业技术创新、管理创新等创造氛围，从而有利于改善企业经营绩效。企业十分关注环境的变化，早在两三年前就关注环境变化，十分

---

① 资料来源：中国汽车工业协会及公司销售数据。

认同"企业既要适应环境，也要主动影响、改变和创新环境""企业是环境创新的主体之一"的观点。还指出，对企业环境的管理及其新环境的供给的主体是员工。

问题1：企业是主动对环境进行管理、影响环境提供新环境的供给还是被动适应环境？

> 江铃：企业对政策、法律、法规等都十分关注。作为领导者，在宏观上必须注重法律法规。企业不能被动适应环境，而是要主动管理环境、影响环境提供新环境的供给。改革以后，政企分开，其实政府不愿放开，因为其中有关利益。企业每年接受的检查有很多，如税、消防、环境污染等方面，所以企业必须主动了解法律法规对其进行管理。例如，江铃成立法务部，专门对法务环境进行管理，从而影响和提供新环境的供给。

问题2：公司对企业内部环境管理的理解，有哪些方面体现了企业为新环境的供给所做出的努力？

> 江铃：企业内部环境管理从人文环境管理、创新环境管理、厂区环境管理这三方面理解，这是我们内部环境管理认为很重要的方面。我们常说员工要爱我们的企业，那么员工会问：为什么我要爱企业？企业值得爱吗？要让员工明白这个问题也是一种环境管理。现在跳槽情况普遍，主要是利益问题。企业要留住员工，要留住员工的心，主要包括：第一，利益，在同一地区，员工付出的劳动能够得到较高的价值；第二，劳动的环境是否环保，环境是不是好；第三，干部对待员工的方式、方法是不是恰当。如果领导干部懂得领导的艺术，对待不同的员工就会采取不同的方式。在待遇环境管理、文化环境管理、领导方式环境管理等方面做得都很好，员工就会爱企业，企业也就值得爱。而厂区环境管理，就要使员工一进入厂区就觉得心情愉悦。通过这三个方面的有效管理，为我们的员工提供新的环境的供给，让我们的

员工爱上我们的企业。

问题3：企业能否通过有效的环境管理策略提供新环境的供给影响企业经营绩效，影响大与小？

江铃：那是肯定的。当环境渗透到管理中，能够促进企业效益产生，而当没有这种新环境供给，也许就会走弯路。企业通过对环境的管理提供新环境的供给能有效提升企业核心竞争力，构筑行业壁垒，提高行业准入门槛，从而扩大市场的份额，提高企业经营的绩效。对企业来说这种影响还是比较大的。

问题4：能否在企业主动对环境进行管理提供新环境供给方面举几个典型的例子来说明一下？

江铃：这样的事例有很多，下面我就说几个比较典型的事例。事例1：小排量车。我们的企业曾经是做微型汽车起家的，我们企业的微型车在20世纪90年代的时候曾经创造了一个辉煌，那个时候各个城市里跑的面的很多都是出自我们企业，后来很多城市考虑到面子问题就限制它们的发展，这就造成了2000年初期的时候，我们企业的市场占有率急剧的下滑。在全国人大会和政协会议期间，我们的前任董事长就在两会上提出了要求取消对小排量汽车的限制的建议案，后来经国家研究决定在2005年底以发改委的名义发布了一条取消对小排量汽车限制的决议（取消了对1.3L排量及以下的小排量汽车的限制）。这就导致了此后小排量汽车销量的迅猛增长。自从国家取消了微型汽车的限制以后，像我们这样的小排量汽车生产企业的销量是年年翻番的上升，最高达到了50%以上的速度增长。

事例2：新能源汽车。我们企业正在推行新能源汽车项目。进行了多方面的可行性论证，我们董事长就曾向国家领导人专门做了相关汇报并积极向有关部门递交可行性报告，促成发改委出台了一系列关于新能源汽车的国家政策。包括大力推行新能源汽车这个项目，包括公交车、政府用车，等等。国家的鼓励政策又为国有企业发展新能源项目增添了极大的支持与动力。

事例3：柴油机。由于人们对柴油车认识上有误区，认为柴油车污染大，政府之前对柴油车项目也不太积极，企业领导就通过在各种会上利用各种方式阐述轿车柴油机趋势与优势，使得国家逐渐取消了柴油机的限制，为企业柴油车项目赢得了良好的发展机遇。

事例4：江铃与长安的合并。江铃在行业排名15名内，偏小，抗风险能力不足，根据行业重组政策的引导，企业顺应这一形势，与长安合并，强强联合，产品具有互补性，充分利用区域辐射优势，技术、信息共享，对国家政策法律法规的影响和预测能力更强。企业通过重组赢得了更大的发展空间和抗风险能力。

通过对江铃汽车集团的访谈我们可以发现，现在的国有企业也已经开始在对环境的有效管理提高环境供给速度和深度上下功夫。例如，该企业谈到的与长安汽车企业合并的事例，不光是为了增强企业抵抗风险的能力，更重要的是提高企业对于环境的预警与响应能力，从而为企业提供更快的环境供给速度，增强企业的竞争力，提高企业的绩效。再如该企业提到的事例1、事例2和事例3都是通过对自身宏观环境及市场环境的有效管理策略，为企业提供更好的环境供给深度，从而提高企业绩效的案例。这也正印证了前面实证部分所得出的结论：企业通过对自身环境的管理，提高环境供给的速度和深度对企业的绩效能产生正向的影响。

二 对武汉重型机床集团有限公司的访谈

（一）武汉重型机床集团有限公司简介

武汉重型机床集团有限公司（原武汉重型机床厂，以下简称"武重"）是国内生产重型、超重型机床规格最大、品种最全的大型骨干企业，产品主要服务于能源、交通、冶金、机械、铁路、航空、航天、军工等行业。主导产品有重型、超重型立式车床、卧式车床、不落轮对车床、卧式铣镗床和落地式铣镗床、龙门铣镗床、滚齿机、回转工作台及各种专用机械设备等8大类、50多个系列、300余个品种。重型机床产品全部实现数控化。其中，CKX53200型20米超重型数控单柱移动立式铣车床、CKX5680型工作台8米七轴五联动数控重型车铣复合加工机床、XKD2755型龙门宽6.8米、长57米数控双龙门移动铣镗床、DL250型5米承重500吨超重型卧式镗车床、Y311250型12.5米大型立式滚齿机等产品代表了国家水平，填补了多项国内空白。大部分产品达到国际20世纪90年代水平，超重型数控立式车床、超重型卧式车床、超重型数控龙门移动铣镗床达到当代国际先进水平。目前，已完成主导产品高档复合化技术升级，尤其是超重型机床全部实现了复合化加工，武重技术创新、极限制造均处行业的前列。其中，有世界最大规格、最大承重的超重型数控立式车床系列产品（加工直径28米）、超重型卧式车床系列产品（加工6米、两顶尖承重500吨）、超重型数控双龙门移动式铣镗床（加工宽度10米）等，成为武重向国家重点行业和国防建设提供重大技术装备的最具竞争力品牌，也是国家唯一能生产多品种超重型机床产品的厂家。

"十一五"期间，企业荣获多项国家、省、市级奖励，CKX53160型16米数控单柱移动立式铣车床荣获2004年中国机械工业科技进步一等奖，荣获2005年国家科技进步二等奖，是国内机床行业获得的最高奖励。2006年6月，国家发展和改革委员会授予武重"在振兴装备制造业工作中作出重要贡献"的荣誉称号，武重是湖北省唯一获此殊荣的单位，也是全国机床行业3家获奖企业之一。数控立式车床、单柱立式车削加工中心、立式滚齿机、数控定梁龙门铣镗床、落地铣镗床等系列产品荣获湖北省名牌称号。重型数控铣镗床——XK、TK、TR、FB系列产品荣获2006年中国名牌称号。2007年1月，商务部授予"武重"牌机床"最具市场竞争力品牌"称号。2007年，武重技术中心被国家五部委认定为国家企业技术中心。2008年"武重"牌数控立车由国家质检总局颁发"产品质量国家免检"证书，武重被省国资委评为湖北省国有企业改革发展30周年优秀企业，是全省 10 家获奖企业之一。

武重以振兴我国装备制造业为己任，以"发展数控重型、超重型机床实施整体搬迁改造"项目为契机，加速技术改造，提高制造能力与制造工艺水平。武重新厂建成后，将成为国内最大、世界一流的现代化数控重型机床制造基地和国家重型机床研发中心以及华中地区国际化加工协作基地。

武重将继续坚持自主创新与技术引进的技术发展路线，建立以企业为主体的产学研用相结合的技术创新体系，加强产品适用对象的研究，实现重型机床共性关键技术及系统集成技术的创新目标，提升重型机床产品技术水平及可靠性，用自主知识产权的国产高档数控重型机床装备中国，提高核心竞争力，为我国装备制造业提供更多的国产化高档数控机床装备再作贡献。

（二）访谈内容及其分析

问题1：企业如何理解内部环境管理，有哪些方面的体现？

武重：我们内部环境管理大体分为这几个方面：管理、组织、人员、纪律、计划、控制等。我们目前感觉到要从三个方面进行内部环境的管理提供新环境供给。企业的决策机制、纪律机制、约束机制。内部的环境管理主要体现在这三个机制方面的管理，是否是民主的、科学的。使广大员工都能充分发挥自己的创造能力。这三大机制联动作用发挥的好坏直接对我企业的内部新环境的供给深度起着积极的促进作用。作为国有企业，人际关系很复杂，也很重要，涉及企业文化和习惯。企业开展了6S活动，在完善制度环境管理建设基础上，营造新的人文管理环境，提出了"精工、重德、励志"的企业核心价值理念。

问题2：企业是否建立了环境变化的应急机制，能对内外部环境变化做出及时预警与响应？

武重：严格意义上说，我们应对环境变化的管理是较为被动的,比如说国家一个大的政策来了,我们会做出相应的反应,例如我们的企划部和研究所会搞这个方面的前沿研究,但毕竟我们还是实际工作者,所以我们所做的这个前沿研究比国家宏观的前沿研究可能还要滞后一个周期。

问题3:企业能否通过有效的环境管理策略提供新环境的供给影响企业经营绩效,影响大与小?

  武重:企业环境管理反过来说叫企业管理环境。互为互动。例如,国家振兴装备的政策下来,环境有了改善。过去国家没有很好的重视机床工业,使得机床工业滞后于国民经济的发展,那么对于企业来说如何对这样的环境进行管理,提高企业绩效呢?比如,我们的重型机床连续八年处于一个高增长阶段,每年按7%的增长速率,现在是第九年了。可按照经济学的一般规律来说,连续十年的正增长会出现拐点。在拐点没有到来的时候,我们的经营绩效指标可能也会出现拐点。所以,企业管理环境提供新环境供给和企业绩效是紧密相关的。例如现在国家对钢铁、水泥等的限产,对我们的机床企业市场环境来说肯定会有一定的影响(当然是有一个周期的),如何对这样的市场环境进行管理提供新环境的供给,从而稳定企业绩效,这也是我们要研究的问题。

问题4:能否在企业主动对环境进行管理提供新环境供给方面举几个典型的例子来说明一下?

  武重:我们有,比方说我们现在就遇到一个这样的企业环境问题——国家的增值税的产业政策,国家现在对于自制设备自己用的这个政策是没有出台的。现在我们新厂一共有44台自制的设备,国家也是鼓励我们这样做,但是国家出台的对于增值税的政策里就没有自制设备的抵扣这一条。我们这44台自制设备的总价值在 6 个亿左右，增值税按照国家现有的政策我们就无法抵扣，那么我们就还要交 5800 万元的增值税。温总理今年 3 月 30 号来，我就向温总理反复提这个问题，使得国家正在研究一个政策出来，来应对像我们企业面临的这样的问题。这就是说要是国家的有关自制设备抵扣的政策有所改变的话，那么就可以说我们企业通过对宏观环境有效的管理策略提供了一个新的环境供给，为我们企业带来了绩效的增长与提高。

通过对武重这个国有企业的调研访谈发现，该企业在对企业内外环境管理策略和新环境供给上还是下了一番功夫的。具体表现在环境供给深度上，该企业就因为自制设备的税收抵扣问题积极向上级领导反映，通过企业自身对环境管理的策略为企业争取更好的新环境的供给机会，提高企业的抗风险与竞争能力，带动企业绩效的提高。这点正好反映了前文实证所检验的内容：企业环境供给深度对企业绩效产生正向影响。再谈到该企业对环境的预警与应急机制的建立问题时，该企业的领导也坦言："严格意义上说，我们应对环境的变化的管理是较为被动的。"这也正好说明了前文实证中所推测的国有企业和小型民营企业，由于自身特点的原因导致对于环境变化的敏感与关注程度不高。

三 对江麓容大车辆传动股份有限公司的访谈

（一）江麓容大车辆传动股份有限公司简介

湖南江麓容大车辆传动股份有限公司（以下简称"江麓客大"）成立于 2003 年 11 月，由原湖南容大汽车电子技术有限公司股东、江麓机电科技有限公司、湖南西城实业集团、长沙市科技风险投资管理有限公司等企业共同投资参股组建的股份制高科技企业，主要从事轿车无级自动变速器（CVT）的研发、生产、销售和技术服务。公司是国家认定的高新技术企业、湖南省重点企业、长沙市拟上市企业、湖南省"双百"工程企业。

公司位于湖南省长沙市岳麓区，其 CVT 产业化基地占地面积 85

亩，计划总投资 6.8 亿元。本项目分两期建设，一期 5 万台已经全部建成，二期项目即将启动，届时可形成年产 20 万台的生产能力、年产值达 20 亿元以上，可创税近 3 亿元，员工达 2000 多人。

公司拥有以留美博士、吉林大学 CVT 课题组学术带头人周云山教授为核心的优秀 CVT 研发团队 70 余人，其中博士 11 人、硕士 13 人，本科以上学历占 85% 以上。该团队的骨干成员在国内最早从事 CVT 研究，曾主持完成了国家"九五"攻关项目和 10 多项国家及省部级科研项目。公司研发的 CVT 产品具有完全自主知识产权，"金属带式无级变速器数字电液控制系统"等关键技术 20 余项获国家专利。在该领域高端技术方面，打破了国外垄断，填补了国内空白。

公司在 CVT 产业化过程中，投入巨资配置了国际先进的试验、检测、生产等设备，自主设计制造了国内首条轿车无级自动变速器生产装配线，有力地保证了产品质量。针对我国自主品牌轿车的迫切需求，为替代国外进口，公司自主创新设计了 RDC15 系列 CVT 变速器，已与重庆力帆、浙江众泰、一汽威乐、南汽名爵等轿车匹配，各项性能指标已达到国外同类产品的技术水平，而且成本仅是同类进口产品价格的 50%，比有级自动变速器节油 10%—15%，动力性能提高 10%—15%，有害气体的排放降低 20%。该产品不仅得到了整车厂的广泛认可，而且非常符合我国资源节约型、环境友好型的和谐社会建设需要。

2009 年 7 月，公司首批 CVT 正式成功上市，现已有力帆 520CVT、力帆 620CVT、众泰 5008CVT、众泰 2008CVT 等车型上市销售。

（二）访谈内容及其分析

问题 1：企业是否通过与行业、中介组织等的沟通或结成联盟的行业环境管理方式提供有利于企业发展的新环境供给？

江麓容大：我们公司主要是做轿车无级变速器的。这个项目由来我先介绍一下，轿车的无级变速器早期是教育部和国家计委在吉林工业大学设的一个课题组，当时我们公司的创始人周博士是当时课题组的一个成员，2003 年作为湖南大学引进人才创办了这家公司。我们当时是江麓公司投资的，我们通过与大学的研发团队合作研发生产出来的产品是填补国内的空白，替代国外进口的一个产品。也正是由于和大学的合作，为我国自主产权的无极变速器推向市场提供了很好的技术环境的供给与支持。2006年以后，陆续和江麓机电、西城实业等公司联盟，使企业的发展进入了快速发展时期。

问题2：企业是否通过对技术、管理、组织等环境的管理活动，产生了社会影响或示范效应，创造了有利于企业发展的新环境供给？

江麓容大：变速箱属于汽车的三大核心技术之一，中国自主生产自动变速器在很长一段时间以来都是个空白。我们国内做手动箱还是不错的，最先我们引进的车型就是捷达，那么在捷达的基础上，包括桑塔纳他们的国产化，我们的手动箱的自动变速波箱我们做的还是不错的，但是这个自动波国家没有作为重点发展，认为这个不是很重要，但是随着这个汽车驾驶的舒适和非职业司机的大量涌现，对自动波的需求比较的强，所以从1995年开始，国家科技部就有一个"95"攻关，叫"攻克无级自动变速器"。从那个时候开始，当时我们是国家科技部委托吉林工大汽车学院来承担这个课题的，叫"攻克无级变速箱技术"，从那个时候一直搞到2003年，搞了8年的时间，这样，学校原理性的技术研究结束了，这个过程基本上是学校行为。在2003年的7月份通过了国家工业联合会的验收，正好湖南大学要加强汽车学院的研究，这个学校的校长是国内的两个汽车院士之一，他是从瑞典留学回来的，他对汽车学院做大有他的构想，当时面向全国招聘这个学术带头人，我们的技术总监，当时是吉林大学的教授，也是美国一个学校的客座老师，他就把这个课题从吉林大学转到湖南大学来了，转过来之后，他说，这个自主创新搞了8年，未来汽车肯定是家庭化的，自动波是未来汽车发展的方向，中国现在汽车行业很多核心技术都攻破了，但是自动变速箱这个技术还没有起步。所以，正是由于我们在自动变速箱上面的技术管理与供给，给我们企业在未来的发展壮大提供了一个良好的技术环境供给。

问题3：企业是否积极关注同类竞争型企业的实时动态，积极对此类竞争环境进行有效管理，提供新环境的供给？

江麓容大：我们的竞争对手主要有两类，一类是外资公司在我们本土设的投资企业，现在有两强，一家是比利时的，一家是日本的。这两家有他们的优势，就是技术比较好，实力比较雄厚，产品比较成熟，当然，也存在些许的缺陷。比如：他的开发团队不在本土，因为我们这种汽车的变速箱不是标准生产的，有他的个性化，有时是需要定做的，每款车子必须重新设计。所以他们也要配合这些重新设计的这些过程，成本也会上升。在中国，汽车需求量最大的在低端，就是这些打工的阶层，不是老板阶层。老百姓也没那么多的时间去学车，手动车操作起来还是比较麻烦的，特别是城市，走走停停，自动车特别的适合。所以说，未来中国自动变速箱的市场是非常巨大的，而且通过我们的研发，尽量的让这个自动变速箱的价格降下来。只有走低价路线，才是我们唯一的出路。我们做中低端市场，目前做的是1.3—1.6升的，我还打算做1.0—1.3升的。我们往下做，不往上做。还有，外国企业他的供应链也在国外，供应链可以说是我们从根本上战胜他们的一个手段。他的供应链不过来，成本是很难降下来的。但是他们要是想在中国建一个完整的供应链，那可不是一天两天的事，所以我就觉得我们跟他们相比，我们有两大优势，第一，我们的开发周期很短，成本很低；第二，我们建立了我们的供应链。当然，我们更贴近市场，这个优势可能并不明显，因为他们也可以在国内设些服务的窗口。我就觉得我有这两个优势，在往后的竞争中我们有目的地对这两大优势环境进行有效的管理就不会输给他们。因为中国的市场已经充分证明了这点，在中低端市场，100%是中国的天下，在高端市场可能还是洋品牌的天下，在未来的五年内，我们是不做高端的。第二类竞争对手是，这几年我们把这个自动变速箱的技术掌握了之后，国外就开始逐步转让他们的技术，他们原来是绝对封闭的，再高的钱也不卖，现在就是你有好价钱还是会卖。现在国内有两家企业买了他们的技术，一个是奇瑞，一个是北汽控股。奇瑞开始走的也是自主创新，跟我们一样，他是2002年开始设立项目组，搞了五六年搞不下去了，因为他们的技术团队跟我们不能比，我们有吉林大学原来的基础，最后他们在2008年的时候跟德国买了技术。第二家北汽控股是最近买的，刚签的合同。这两家都是瞄准了高端市场，2升以上的市场，这两家我觉得有两个缺陷，第一，他们是汽车制造商，他们一般都是立足于本集团内部的，而我们是作为独立的供应商，那么对其他的整车厂来讲，他们有心理障碍，比如说我买北汽的变速箱，我们是同行，总怕你到时卡我的脖子，心里有阴影，而我们是独立的供应商，这点对于他们来说，我们具有优势。第二，这个技术不是说你拿钱就买的到的，真正的奥妙他们并不懂。光引进这条生产线不难，难的是活学活用，因为这个是要重新设计的，不同的车型来，你得重新的设计。所以在新品的开发上，他们不是我的对手。升级换代他们比较的困难。像发动机现在的现象就是我们的例子，现在发动机就始终是被国外人牵着鼻子走的。也正是由于我们对于市场环境的分析与有效的管理，使得现在资本市场对于我们也是越来越关注，为我们企业今后的发展提供了良好的环境供给机遇。

问题4：企业是否有通过对宏观环境进行有效管理的方式，为企业提供良好的政治、经济、法律环境的供给？

江麓容大：我们还没到这步，我觉得这是整个企业发展的必然，社会是各种力量的博弈，比如说你这个企业的力量大，自然会对政府的决策产生影响，政府也会去主动听取你们的意见，为企业创造新的环境供给。但是当你还是个小企业的时候，他听取你意见的可能性就比较的小了。最多是通过自身的管理努力尽量争取些好的政策，就是多搞些钱来，就算是现在这么好的环境，你不去争取，也没有钱。像我们这样的企业还没那么大的影响力，只能利用好政策和政府各个部门的支持，去通过管理手段或策略改变政策提供新环境供给的可能性目前还很小，人微言轻，企业小的时候，对社会的影响也比较的小。当然，上级领导来调查，我们可能就会反映目前我们有些什么困难，反映后，有些问题就得到解决了，这可能也算是我们通过对自身环境积极的管理，为我们企业赢取一些小的新环境的方面吧。我们小企业一般是借势而为，大企业可能是造势而为。不同的企业的社会影响力不一样。

通过对这家民营企业的调研访谈后我们发现，小型民营企业和国有企业在对于宏观环境管理问题上的差异，其领导也坦言，他们自身也很难通过对宏观大环境的管理来改变这种大环境，提供新宏观环境的供给。但是我们也发现，他们在市场环境管理和内部环境管理等方面却在积极的努力，为企业自身提供更好的环境供给。例如，通过和大学的联盟积极对技术环境进行管理，为企业自身提供优于国内其他同类企业的技术环境供给。通过积极的对同类竞争型企业的优势劣势分析避开锋芒，积极为企业今后的发展预测环境变化趋势占领低端市场，为企业赢得了先机，得到了资本市场的青睐。这一切都说明了提高企业环境供给速度和供给深度对企业的发展会产生积极的影响，印证了前面实证部分的假设。

四 对湖南山河智能股份有限公司的访谈

（一）湖南山河智能股份有限公司简介

湖南山河智能机械股份有限公司，创立于 1999 年，是一家以生产工程机械为主业的现代化国际性上市企业，位于湖南国家级长沙经济技术开发区。

公司注册资本为2.7亿元，总资产超过14亿元。员工1700多人，大专以上学历者占52%，其中博士后、博士、硕士以上学历者100余人，各类专职技术人员500余人。拥有占地235亩的山河智能第一产业园和占地200亩的山河智能第二产业园，并全资控股无锡山河液压机械有限公司。

公司创立以来，秉承"修身治业，兴企强国"的核心理念，在公司创始人、董事长，中南大学教授、博士生导师、全国政协委员何清华的带领下，逐步在"自主研发、精益制造、诚信经营"方面建立比较优势，并形成自己的核心竞争力，快速发展，迅速崛起。公司已在大型桩工机械、小型工程机械、中大型挖掘机械、现代凿岩设备等门类装备中成功开发出几十种规格的具有自主知识产权的高性能、高品质工程机械产品，差异化明显的特征保证了这些产品均居国内一线品牌位置。公司建立起由原始创新、集成创新、开放创新、持续创新组成的技术创新体系，取得的数十项国家专利使公司产品特色突出，性能提升。产品畅销全国各地，同时批量出口到欧洲、大洋洲、北美洲、东南亚等近四十多个国家和地区。

公司承担了国家"863"等多项国家重大科技项目，先后被授予"促进专利技术产业化示范工程企业""中国优秀民营科技企业""中国驰名商标""上市公司100强暨中小板公司30强"等，公司已通过ISO 9001质量认证、ISO 14001环境保证体系、OHSAS18001职业健康安全保证体系和产品CE的认证；并成为《福布斯》2006年、2007年中国最具发展潜力100家上榜企业之一。2006年9月，国务院副总理吴仪视察公司时，对山河智能公司的自主创新能力、国际贸易与国际项目合作、产学研发展模式给予了高度肯定。

（二）访谈内容及其分析

问题1：首先请介绍一下你们公司目前所面临的企业环境的状态，公司的经营管理目前处在一个什么样的状态？总结一下。

山河智能：我从两个方面来说，一个是国内，一个是国际。从国际上来说，因为2008年的金融危机，整个工程机械行业受到的影响还是比较大的，特别是在欧美地区，他们整个已经倒退到了2003年、2004年的那个基础上了，我们公司受到的影响也比较大，特别是国际上都已经出现负增长了。我们公司的小型挖掘机是我们公司的核心业务，它主要出口欧美，所以在这一块上面对我们公司的影响比较大。去年的整体销售量就下降了66%。一直到今年的上半年都没有回暖的迹象，到目前才开始缓慢地上升，离我们年初制定的目标一半都没有到。所以，我们预计2009年负增长是肯定的了，但是到了2010年，国际的行情会逐步的回暖，但是也是非常艰难的一年，这是我们整个的一个判断。现在唯一好的一点，就是我们的新兴市场，比如说印度、东南亚地区，我们今年就往这些地区发展，印度市场是现在国际上都看好的市场，但是印度现在需要的是很多的大型挖掘机，对我们的小型挖掘机兴趣不大，所以我们要想进入到印度市场，还要采取些本地化的战略。在东南亚地区，我们装机的销售一直都不错，占领了整个市场70%的份额，处于一个绝对领导者的地位。所以我们的策略主要还是走这个新兴市场和印度这些地区，而原来我们拥有的欧美市场也主要是保持，稳定原有的市场，要是投入太多资本去开发，这个条件也不具备。从国内来说，国家投放的四万亿人民币的投资中对工程机械的投入占到的比重还是比较大的，我们也是受益于国家的这种大力度的投入。四万亿投入下来之后，可以明显地看到七八月份的复苏，这就是我们今年国际市场上负增长63%，但我们整个公司也能正增长20%左右的原因。一个受益就是政府在高铁建设上面的投资，还有一个就是支持新农村的建设，我们的小型挖掘机被列入了补贴性产品，这也带动了我们产品的销量，这也是环境给我们带来的影响。另外就是我们的滑移装载机，原来欧美没有受影响的话，我们这个产品的出口量是比较大的。但是因为受整个国际环境的影响，我这个滑移装载机产品去年卖了不到100台，我们现在库存最严重的就是这个滑移装载机，它本身的利润就比较低，现在国际市场上受到影响，国内市场又没有打开，所以我们2010年会做个调整，所以环境及对环境的有效管理确实对我们公司的影响很大。

问题2：你们企业目前在整个行业处在一个什么地位？整个行业的竞争的态势是什么样的？

山河智能：我们正好成立10周年了，我们是有自主产权的实业公司，我们是国家最大的装机生产基地，产品出口40多个国家，我们公司的产品，小型挖掘机的系列是全国最齐全的，各种型号都有，我们公司在全国的排名也是前10名的。我们的叉车还属于新进入者，行业竞争对每个产品都一样，小型挖掘机是我们的竞争性强点，可能叉车现在是弱点。行情基本上就是这样的情况，竞争还是比较激烈的。

问题3：一般认为外部环境对企业的影响是企业只能被动地去适应它而不是对外部环境进行积极有效的管理，你们公司是这样认为的么？你们有没有试图去积极管理好自身的外部环境为企业提供更好的外部环境供给呢？

山河智能：我们现在是感觉外部环境这个力量实在是非常巨大，我们只能去适应它，去挑战它，要是去改变它就太难了。比如说，以前长沙谁也没想过在这做工程机械，但是现在有这么三家的大企业在这了，这个时候人们就会想把长沙建成工程机械之都了，因此很多人都到这里来投资，带动了企业的发展，这是以前都不敢想的。所以我们认为可以通过一些管理策略（如规模效应等）对环境产生影响提供新环境的供给，但是对这大宏观环境的改变还是比较难的。

问题4：企业是否通过对内外部环境的管理，影响或改变现有的内外部环境等，创造有利于企业发展的新环境供给？

山河智能：首先，我们企业管理层认识到，仅仅靠企业自身的努力是不够的，还需要加强宏观政策环境的管理，得到政府的支持，特别是湖南省委省政府、长沙市政府，尤其是经济开发区的支持。通过努力政府出台了一系列支持像我们这类企业发展的好政策，如政府采购、进出口退税政策、政府制定并出台的农机补贴政策，这些都直接刺激了公司的相关业务产品的销售与业绩的增长。政府相关政策的制定是从全局考虑的，企业是否能够享受到政策的支持，除了尽快地感知与获取相关信息外，有时候还需要企业去争取。比如，农机补贴政策，在开始的补贴产品目录中并没有本公司产品，公司通过与政府相关部门主动沟通，想办法争取到本公司产品进入目录，企业得到了好的机遇。

其次，公司还邀请专家帮助公司正确认识金融危机的性质和影响，为企业制定应对策略提供指导。

再次，企业还注重与其他包括行业协会、新闻媒体等在内的外部机构的沟通与管理工作，为企业争取良好的发展环境供给。比如，媒体对企业经营与发展的影响是不容忽视的，最近几年，由于工程机械行业的快速发展，工程机械会展的举办，引起媒体的极大关注，多家媒体通过对包括本公司在内的八家企业的巡回报道，在《人民日报》《光明日报》相继发表，在业内产生很大影响，引起政府高度关注，企业赢得了良好的新环境供给。

最后，企业积极参与社会公益，回馈社会。公司董事长何清华先生将自己所获100万元奖金捐做公益事业；设立"山河爱心助学金""山河英才教育奖励金"支持国家教育事业；面对50年一遇的2008年冰雪灾害，公司积极投入抗冰抗灾活动；四川汶川"5·12"大地震发生后，公司为灾区累计捐赠500万元工程机械设备及款物，并组织抗震救灾志愿队携带工程机械设备奔赴地震灾区一线。这些社会公益活动不仅体现了企业高度的社会责任感，也为企业赢得了良好的声誉，形成了有利于企业发展的社会影响环境的供给。

通过对该企业的访谈后我们发现，像该类发展比较好的民营企业还是有着一般民营企业的一些基本观点，即认为像宏观环境这样的大环境的管理，企业还是显得力不从心，只能通过对自身的管理去适应这种大环境，还很难说能达到改变或创造新环境的供给。但是我们也可以发现该企业在环境供给深度和供给速度等方面都对环境进行了有效的管理。例如，把自己企业的产品加进退税政策中、积极通过对行业环境的研究为企业争取更有利的发展环境供给、通过积极参与公益事业为企业赢取良好的社会环境供给等，都说明企业在对环境供给深度上下了不少功夫。再从企业对环境的供给速度上来说，企业已经有意识地邀请专家帮助企业正确认识金融危机的性质和影响，为企业制定好应对策略提供指导。这些都说明企业在环境预警与应急响应上所做的努力，为企业提供了更好的环境供给速度。以上这也正好都印证了前面实证部分的检验结论。

第三节 企业访谈的总体结论与启示

经过对几家企业的实地调研访谈，我们明显感觉到企业对内外部经营环境的管理提供有效的企业供给深度和速度对企业的影响十分巨大。政府、行业组织等外部机构对企业环境的供给做出了极大努力，企业经营环境供给较过去有很大改善。因此，企业也越来越重视对自身内外部环境的管理，主动寻求新环境的供给，改善企业绩效。

相比较而言，国有大型企业由于其在业内的影响及受到政府更多的关注，对政策环境管理时的影响更大，更有利于新环境的供给深度；而小企业，特别是民营企业，对环境的变化很敏感，十分注重环境供给速度以求快速适应环境的变化，但对于外部大环境的管理提供新环境供给深度的能力则比较有限。

对企业环境进行管理的方式和途径有很多，主要表现在与政府相关部门的沟通与管理上，主动争取有利于企业发展的政策环境，甚至是打政策的"擦边球"；注重与行业组织的联系间的管理，参与行业组织活动；注重与媒体的沟通与管理，主动创造有利于企业发展的舆论环境供给；注重企业内部环境的创新与管理，强化企业文化建设，为企业适应外部环境的变化提供更好的内部环境的供给。

但我们也注意到，企业普遍对环境变化应急机制和预警机制的建立还不是很完善，对提供环境供给速度方面还有些不足。希望通过本书的研究，进一步唤醒企业和政府、行业组织对环境供给速度在企业绩效方面影响的重视与实践。

第四节 本章小结

本章通过对四家企业的案例研究，印证了前面实证部分内容的检验结果。这四家企业都通过对自身内外部环境的有效管理为企业提供了一个良好的环境供给深度，进而直接或间接地提高了企业绩效。一部分企业也通过建立环境预警机制和应急响应机制为企业环境供给速度提供了一个保障，促使企业绩效的进一步提高和稳定。当然，我们也发现在对自身环境管理方面一些国有企业和小型民营企业由于自身特点所决定的不足，这也正好印证了前面实证检验的结果。

第八章

主要研究结论、建议和未来研究展望

本章将对全书进行一个总结。具体的结构安排如下：第一部分是对本书所得到的主要研究结论进行归纳和总结；第二部分根据所获得的研究结论提出相应的研究启示和政策建议；第三部分是对本书研究存在的局限性进行分析，并指出未来值得进一步研究的问题和方向。

第一节　主要研究结论

围绕本书所要研究的问题，即在企业供给视角下企业对环境的管理与企业绩效之间所存在的关联性问题，在理论分析与实地访谈的基础上，本书提出了企业环境供给视角的企业环境管理对企业绩效关系的影响研究的概念模型。具体来说，本书认为企业通过对自身内外部环境的有效管理进而为企业提供一个有效的新环境供给，这个新环境的供给在供给速度、供给广度和供给深度上对企业的绩效产生关联性的影响。本书以149家企业为样本，通过大样本实证研究，对第四章提出的理论假设进行了实证验证。研究结果表明，上述概念模型基本通过验证，除企业环境供给广度对企业绩效没有显著影响外，企业环境供给速度与企业环境供给深度对企业绩效存在显著的关联性影响。

从理论上来说，可能是由于企业环境供给广度的各维度的假设中都是关于企业是否关注自身宏观环境、市场环境以及企业内部环境的管理等方面。这里也和上面企业环境供给速度所得的结论相互印证了，即企业仅仅只关注环境，关注环境维度或子环境的多少对企业绩效会不会产生影响，即有没有关联性。企业只有在关注环境的同时，通过自身对环境各个维度或子环境进行有效合理的管理才能对企业绩效产生积极正向的影响。这也就是企业环境供给深度和企业绩效存在显著相关的原因所在。

第二节 研究启示和建议

从本书所得到的研究结论来看，对我国企业在企业环境管理问题上有如下几点启示和建议：

1. 为中国企业在企业环境管理问题上提供积极引导

当前我国正处于经济社会转轨时期，市场转型、社会变革、消费升级、技术革命、全球竞争等多股力量交织在一起，使得我国企业面临的环境极度动荡复杂。

在这种极其复杂的环境状况下，传统的被动适应环境已不再适应企业的发展。但传统的被动适应环境的思维模式在我国企业中仍十分盛行，这种传统的被动适应环境的思维模式使企业在应对环境变化时总是被动适应或完全依赖政府，难以获得对环境管理的主动权。对企业环境的主动管理形式还没有被我国企业理解和接受。我国企业对企业环境的主动管理存在片面理解，不理解企业环境主动管理的内涵，更不理解企业环境主动管理的机制和企业环境主动管理的管理方法。本书从理论和实证两方面分析了在复杂多变的环境下，企业对自身环境管理的必要性。因此，我国企业要理解企业环境主动管理的内涵、企业环境主动管理对提高我国企业核心竞争力的重要意义、企业环境主动管理的机制和企业环境主动管理的管理方法，迅速构建适合本企业的企业环境管理战略，以在全球激烈的市场竞争中形成自己的核心竞争力。

2. 正确认识企业环境供给对企业环境管理的影响

本研究结果表明，企业环境供给是企业环境管理的重要方式与手段；企业环境的动态性与复杂性使得企业不得不采取不同的企业环境管理策略，进而使企业获得多样化的环境供给；不同的环境管理策略会影响企业环境供给的速度、广度和深度；环境供给速度和环境供给深度与企业绩效有显著的关联性，而企业环境供给广度与企业绩效的关联性则并不显著。

正确认识企业环境供给对企业环境管理的影响的实践意义是，在传统环境相对封闭、稳定的情况下，企业可以采取传统的被动适应环境的管理模式，依靠政府创造的相对稳定的企业外部环境来维持竞争优势；而在现如今企业外部环境高度不确定的环境背景下企业必须转变思维，要思考怎样主动利用自身的优势资源通过有效的企业环境管理实现企业的新环境供给。而正确认识企业环境供给对企业环境管理的影响的现实意义是，在动态多变的环境中，企业要主动采取不同的环境管理策略；要注重对环境供给的速度与深度的管理（即注重环境供给的及时性与有效性）；而不论企业环境的敌对性、复杂性以及内外部环境的非均衡性水平如何，采用有效的环境管理策略，都有利于企业绩效的提升。因此，企业应该积极地采取对环境的主动式管理，提高新环境供给的及时性与有效性。

3. 关注构建主动式企业环境管理的途径

在多变的环境背景下，主动式的企业环境管理是企业绩效的重要来源，然而，主动式企业环境管理方式与方法的构建是一项长期、复杂的工作，涉及组织的方方面面。企业必须深入思考如何制定与实施适合本企业的企业环境管理模式。本书的理论与实证结果为企业构建主动式的企业环境管理途径提供了有益的思路和借鉴。构建主动式的企业环境管理方式首先要树立企业对环境的需求与供给的指导思想，其次积极地对企业环境需求做出有效的分析，再利用有效的企业环境管理策略与手段，为企业提供及时、有效的环境供给；企业可以从环境供给的速度与环境供给的深度上多下功夫为实现有效的企业环境管理提供可行的途径选择。当然，企业要根据自身的实际情况，参照企业环境管理理论，制定出适应企业自身发展的、独特的企业环境管理战略。

4. 企业环境管理的政策建议

我国部分企业对企业环境的主动管理认识程度不高，对企业环境进行主动式管理还没有被我国所有的企业所理解和接受,阻碍了企业环境管理战略在我国企业的应用。这种现状是与整个国内宏观环境的约束分不开的。因此,为提高我国企业对环境的管理能力,增强企业的竞争优势,政府也应从之前的被动为企业发展营造宏观环境的角色转变到引导企业主动管理和创造自身发展所需的微观环境的方向上来。

根据本书前面的理论分析与实证研究,从环境供给的角度提出以下企业环境管理的政策建议:

一是要着力提高企业经营者对企业环境主动式管理的理解。通过大学、战略管理咨询公司等机构,向企业经营者宣讲企业环境管理的理论、实践意义,使企业经营者理解企业环境管理的意义与作用,并知道怎样从环境供给的角度构建企业环境管理战略。二是从实证研究的结果和访谈分析的结果都可以说明,企业要想绩效有所提高,不能只局限在对某些方面环境比较关注的程度上,应该通过对自身内外部环境要素的有效管理,从对提高新环境供给的深度和速度的途径出发,提高企业对环境管理的手段与能力。三是建立健全企业的预警与应急响应机制,从而在提高企业环境供给速度的途径上提高企业对环境管理的控制水平。四是建立一整套对环境管理维度的制度与管理策略,在提高企业环境供给深度的途径上提高企业对环境管理的创造能力。只有这样才能使企业绩效有一个很好的提高或稳定的增长。

第三节 研究局限和未来研究方向

一 本书研究的不足之处

由于本书关于从环境供给视角出发探讨企业环境管理对企业绩效影响的研究更多属于一种探索性质的研究,难免存在一些不足之处,主要有:

1. 本书在研究时,由于缺乏对环境供给及对整体环境研究相关的文献,也缺乏条件对实际进行深入的调研,故在设计环境管理及环境供给维度的测量量表时，有关环境供给及企业对环境管理的题项设计较少，且在进行因子分析时有些题项被删除掉，因此对研究的准确性可能会有一些纰漏。这是本研究存在的最大的不足之处，也是今后值得研究的课题。

2. 本书还无力对样本进行随机抽样，只能通过笔者已有的社会资源收集样本。由于受样本抽样与容量的限制，可能导致本书分析结论存在一定的片面性和局限性。例如关于企业绩效及环境供给速度的测评维度中，由于样本的限制，因子分析时删除的只剩下6个和4个指标，最终只能抽取1个因子，因而不得不将企业绩效及环境供给速度当成单维度指标来处理，没有达到设计的初衷。

3. 本书在分析企业对环境的管理维度及指标构建时，只是从宏观、市场及企业内部环境这几个维度来构建，没有具体到环境管理维度的细节，这也是本书研究的一个不足之处。

二　未来的研究方向

环境的研究是一个永恒的话题，由于环境自身的特点决定了研究环境的复杂性。所以迄今为止没有形成一个对环境整个系统运作规律的综合性研究。所有研究都是建立在对环境这个完整系统的割裂或缩小的方法上进行的。

那么由于环境自身特点决定的环境研究的复杂性，就没有办法对环境整个的系统做统一完整的研究以期找寻其中的运作规律吗？这里笔者认为能否借鉴对自然环境研究的方法而从中得到些许启示呢？比如，对古埃及人来说，气候环境完全是神秘的。是什么引起季节环境的更替？为什么当他们往南走时天气会变暖？为什么风一般往一个方向吹？气候环境的无规律的变化是古埃及人永远无法想明白的，因为对他们来说，大地是平坦的，就像一个二维平面。因此，在这个二维平面上古埃及人无法看明白气候环境变化的原因。但是，现在设想用火箭把古埃及人送到外层空间，在那里他们可以看到简单而完整的地球正在它的轨道上环绕太阳运行。刹那间，以上问题的答案将变得清晰且明白。从外层空间看，可以清楚地看到地球的轴偏离竖直方向23

度。因为有了这种偏离，才使得它部分轨道接受到的太阳光比另一部分轨道接受到的少得多，所以才有了冬天和夏天。又因为赤道接受的太阳光比北极或南极地区接受的多，所以当我们接近赤道时，气候变暖。类似地，由于地球相对于站在北极的人做逆时针自转，因此寒冷的极地空气朝着赤道往南移动时会突然转向。热空气团和冷空气团在移动。在移动中，地球的自转决定了它们的方向。这样的空气团有助于解释为什么风总是朝一个方向吹，而且在不同的地方吹的方向不一样。所以概括地说，一旦我们从太空眺望地球，相对模糊的气候规律就很容易被认识。因此，解决这个问题的方法就是上升到太空、进入到第三维。当在太空眺望三维的地球时，在平直世界上不可能明白的真相就突然变得清清楚楚。

那么通过以上对于自然环境中复杂气候规律认识的例子，我们是否也能想象企业环境这个复杂的环境规律能否在一个更高的维度上被认识。虽然超过三维的更高维度很难被想象，但是是否可以通过数学的方法给出其运动规律的公式（在理论物理学中，物理学家们已经通过借鉴黎曼的度规张量的数学表达式成功地使我们所知的所有力在第十维的空间中得到了统一，即实现了爱因斯坦至死都一直追求的大统一理论——超弦理论）。因此，对于企业环境的规律以及企业怎样在这个复杂的环境中进行有效的管理，能否在高维理论中得到清晰解答，可能是企业环境管理理论未来发展所需要研究的一个重要方面。

附录 1

调查问卷

企业环境管理对企业绩效的影响研究——环境供给视角

调查问卷

尊敬的公司领导或技术负责人：

您好！

此项调查的目的是：研究环境供给视角下的企业环境管理对企业绩效的影响问题。请您自由回答问题。从您提供的信息中，无法认出您是谁。您的个人信息不会被泄露。希望您在百忙之中协助我们完成这份问卷的填写。您的意见和答案将为本研究提供非常重要的帮助。

该问卷可能需要您花几分钟时间来填写。请您在没有打扰的情况下回答问题。另外，在每一个问题上不要用太长的时间，第一想法就是您最好的答案！

即使涉及的内容不完全适用您的工作，也不要遗漏不答。您的完整回答对于获取全面信息十分关键，也对得出合理的研究结论非常重要。

希望您愉快地完成这份问卷。感谢您腾出时间来帮助我们！您对这个项目还有什么需要了解的，请与作者（E-mail：yangxin0215@hotmail.com）取得联系。

再次感谢您的大力支持与帮助！

敬祝

宏图大展！事业蒸蒸日上！

如果您需要研究结果，请留下您的通信地址或 E-mail：

通信地址：　　　　　　　　　　邮编：

收件人姓名：　　　　　　　　　E-mail：

> 填答提示：★请贵公司领导或者技术负责人帮助填写此表。
> ★您在选择时，请在认同的"□"或数字处打"√"，
> 如您在电脑上直接选择，请直接点击数字前的"□"。

◆ 贵公司或企业的基本信息

1. 贵公司或企业所在区域：□东部沿海地区□中部地区□西部地区□东北部地区

2. 贵公司或企业经营性质：□国有及国有控股企业□民营企业□外商投资企业

3. 贵公司或企业规模：□100 人及以下□101—300 人 □301—1000 人 □1001—3000 人 □3000 人以上

4. 贵公司或企业经营年限：□不足 2 年□2—5 年□6—10 年□11—15 年□15 年以上

5. 您在贵公司或企业的职位：□高层管理者□中层管理者□基层管理者□一般员工

6. 贵公司或企业所属行业：□采矿业□制造业□电力□建筑□信息□金融□房地产□交通运输□其他

7. 您的联系方式（可不填）：

根据贵公司的实际符合程度打分，并点击数字前的"□"。1 表示"十分同意"，7 表示"十分不同意"。从 1—7 符合的程度逐渐增加。

◆ A. 环境供给速度测量

1. 企业对环境的变化高度敏感和关注
□1 □2 □3 □4 □5 □6 □7

2. 企业建立了环境变化的预警机制，能对环境变化做出一定的预测判断
□1 □2 □3 □4 □5 □6 □7

3. 企业建立了环境变化的应急机制，能对环境变化做出及时响应
□1 □2 □3 □4 □5 □6 □7

根据贵公司的实际符合程度填写,并点击数字前的"□"。1 表示"完全不符合",7 表示"完全符合"。从 1—7 符合的程度逐渐增加。

◆ B. 环境供给广度测量

1. 企业是否积极关注所在国家或所在地区的经济发展状况
□1 □2 □3 □4 □5 □6 □7

2. 企业是否积极关注所在国家或所在地区的政策与法律法规的变化情况
□1 □2 □3 □4 □5 □6 □7

3. 企业是否积极关注产品的技术创新及行业内的技术进步状况
□1 □2 □3 □4 □5 □6 □7

4. 企业是否积极关注同类竞争型企业的实时动态
□1 □2 □3 □4 □5 □6 □7

5. 企业是否重视对原材料供应商的统一规范的管理
□1 □2 □3 □4 □5 □6 □7

6. 企业是否积极关注消费者购买行为的变化趋势
□1 □2 □3 □4 □5 □6 □7

7. 企业是否重视对员工的培训与员工的职业规划
□1 □2 □3 □4 □5 □6 □7

8. 企业是否重视对自身特有资源的有效利用与开发
□1 □2 □3 □4 □5 □6 □7

9. 企业是否重视对自身特色化的企业文化的建设与宣传
□1 □2 □3 □4 □5 □6 □7

根据贵公司的实际符合程度打分,并点击数字前的"□"。1 表示"完全不符合",7 表示"完全符合"。从 1—7 符合的程度逐渐增加。

◆ C. 环境供给深度测量

1. 企业通过对未来经济发展状况的分析,影响或改变企业的投资或贸易规划,创造有利于企业发展的环境
□1 □2 □3 □4 □5 □6 □7

2. 企业通过与政府的沟通,影响或改变现有政策与法律法规等,创造有利于企业发展的环境

☐1 ☐2 ☐3 ☐4 ☐5 ☐6 ☐7

3. 企业通过技术、管理、组织等创新活动，产生了社会影响或示范效应，创造了有利于企业发展的环境

☐1 ☐2 ☐3 ☐4 ☐5 ☐6 ☐7

4. 企业通过与行业、中介组织等的沟通或结成联盟，创造有利于企业发展的环境

☐1 ☐2 ☐3 ☐4 ☐5 ☐6 ☐7

5. 企业通过建立与供应商、经销商等的合作关系，创造有利于企业发展的环境

☐1 ☐2 ☐3 ☐4 ☐5 ☐6 ☐7

6. 企业通过收购与兼并，创造有利于企业发展的环境

☐1 ☐2 ☐3 ☐4 ☐5 ☐6 ☐7

7. 企业建立同媒体、公众、社区等的良好关系创造有利于企业发展的环境

☐1 ☐2 ☐3 ☐4 ☐5 ☐6 ☐7

8. 企业创建了有利于企业发展的企业文化

☐1 ☐2 ☐3 ☐4 ☐5 ☐6 ☐7

9. 企业注重管理团队、人际关系与工作方式变革，创造有利于企业发展的环境

☐1 ☐2 ☐3 ☐4 ☐5 ☐6 ☐7

10. 企业注重员工培训、学习与知识、信息的共享

☐1 ☐2 ☐3 ☐4 ☐5 ☐6 ☐7

根据贵公司的实际符合程度打分，并点击数字前的"☐"。1表示"完全不符合"，7表示"完全符合"。从1—7符合的程度逐渐增加。

1. 与同行业平均水平比，企业的利润率较高

☐1 ☐2 ☐3 ☐4 ☐5 ☐6 ☐7

2. 与同行业平均水平比，企业的资产回报率较高

☐1 ☐2 ☐3 ☐4 ☐5 ☐6 ☐7

3. 与同行业平均水平比，企业的投资收益率较高

☐1 ☐2 ☐3 ☐4 ☐5 ☐6 ☐7

4. 与同行业平均水平比,企业的市场份额与竞争力较高

☐1 ☐2 ☐3 ☐4 ☐5 ☐6 ☐7

5. 与同行业平均水平比,企业的技术创新能力较高

☐1 ☐2 ☐3 ☐4 ☐5 ☐6 ☐7

6. 与同行业平均水平比,企业的营销能力较高

☐1 ☐2 ☐3 ☐4 ☐5 ☐6 ☐7

7. 您在本企业工作的满意程度较高

☐1 ☐2 ☐3 ☐4 ☐5 ☐6 ☐7

本问卷到此结束,非常感谢您抽空填写

附录2

样本数据基本统计概要

附录2 样本数据基本统计概要

变量名称	均值	标准误	标准差	方差	偏度	峰度	全距	极小值	极大值
所在区域	1.8322	.05337	.65143	.424	1.222	3.712	3.00	1.00	4.00
企业性质	1.7919	.06337	.77351	.598	.379	-1.233	2.00	1.00	3.00
企业规模	2.8993	.12589	1.53669	2.361	.160	-1.437	4.00	1.00	5.00
企业年龄	3.3356	.11687	1.42663	2.035	-.030	-1.475	4.00	1.00	5.00
所在职位	2.3960	.06009	.73355	.538	.471	-.014	3.00	1.00	4.00
所属行业	5.2483	.19281	2.35357	5.539	.003	-1.107	7.00	2.00	9.00
EnvSpe1	6.1141	.09875	1.20545	1.453	-1.700	2.705	5.00	2.00	7.00
EnvSpe2	4.4295	.11076	1.35195	1.828	-.439	-.152	6.00	1.00	7.00
EnvSpe3	4.3624	.11317	1.38142	1.908	-.208	-.509	6.00	1.00	7.00
MacEnvBre1	6.0671	.12586	1.53634	2.360	-2.108	3.961	6.00	1.00	7.00
MacEnvBre2	6.1275	.12095	1.47634	2.180	-1.960	3.258	6.00	1.00	7.00

续表

变量名称	均值	标准误	标准差	方差	偏度	峰度	全距	极小值	极大值
MacEnvBre3	5.0134	.13092	1.59808	2.554	-.838	-.153	6.00	1.00	7.00
MarEnvBre1	5.2416	.12071	1.47342	2.171	-1.274	1.489	6.00	1.00	7.00
MarEnvBre2	4.0336	.12613	1.53964	2.370	-.147	-.629	6.00	1.00	7.00
MarEnvBre3	4.9262	.11667	1.42418	2.028	-.736	.707	6.00	1.00	7.00
IntEnvBre1	3.9597	.12449	1.51960	2.309	-.037	-.576	6.00	1.00	7.00
IntEnvBre2	4.1745	.11497	1.40333	1.969	.130	-.293	6.00	1.00	7.00
IntEnvBre3	3.7450	.12423	1.51637	2.299	.265	-.690	6.00	1.00	7.00
MacEnvDep1	4.2819	.10903	1.33092	1.771	.043	-.803	6.00	1.00	7.00
MacEnvDep2	3.9732	.13194	1.61055	2.594	.379	-.954	6.00	1.00	7.00
MacEnvDep3	3.8523	.10492	1.28071	1.640	.496	.401	6.00	1.00	7.00
MarEnvDep1	4.1141	.10236	1.24949	1.561	.413	-.379	5.00	2.00	7.00
MarEnvDep2	4.4228	.10440	1.27439	1.624	-.063	-.179	6.00	1.00	7.00
MarEnvDep3	3.7047	.13110	1.60027	2.561	.364	-.532	6.00	1.00	7.00
MarEnvDep4	4.5168	.10151	1.23903	1.535	-.223	.402	6.00	1.00	7.00
IntEnvDep1	4.0134	.12343	1.50668	2.270	.241	-.908	6.00	1.00	7.00
IntEnvDep2	4.7785	.08875	1.08332	1.174	-.032	.209	5.00	2.00	7.00
IntEnvDep3	4.3893	.10200	1.24505	1.550	.395	-.606	5.00	2.00	7.00

续表

变量名称	均值	标准误	标准差	方差	偏度	峰度	全距	极小值	极大值
EntPer1	4.0000	.09035	1.10282	1.216	.337	-.093	5.00	2.00	7.00
EntPer2	4.0671	.09018	1.10076	1.212	.235	-.901	4.00	2.00	6.00
EntPer3	4.0470	.09444	1.15276	1.329	.283	-.518	5.00	2.00	7.00
EntPer4	3.8121	.10317	1.25939	1.586	.361	-.228	6.00	1.00	7.00
EntPer5	3.6913	.10428	1.27289	1.620	.380	-.025	6.00	1.00	7.00
EntPer6	4.6644	.08171	.99737	.995	-.443	.355	5.00	2.00	7.00
EntPer7	3.8926	.09811	1.19764	1.434	.162	-.186	6.00	1.00	7.00

参考文献

外文部分

[1] A. Carmeli. High-and Low-performance Firms: do they have Different Profiles of Perceived Core Intangible Resources and Business Environment? *Technovation*, 2001, 21.

[2] Aboody, David and Baruch Lev. The Value Relevance of Intangibles: The Case of Software Capitalization, *Journal of Accounting Research*, Vol. 36, Supplement, 1998.

[3] Ahlstrom, D., & Bruton, and G., Learning from successful local private firms in China: Establishing legitimacy, *Academy of Management Executive*, 2001, 15 (4).

[4] Ahmed Riahi-Belkaoui. Intellectual Capital and Firm Performance of US Multinational Firms, *Journal of Intellectual Capital*, 2003, 4 (2).

[5] Aker, W. E., Market networks and corporate behavior, *American Journal of Sociology*, 1990.

[6] Aldag R. J. & Stearns T. M. Management, *Cincinnati: Southwestern Publishing*, 1991.

[7] Aldrich, H & Pfeffer, J. (1976). *Environments of Organizations, in A. Inkeles*, J. Coleman and N. Smelser (eds) Annual Revierw of Sociology 2, Palo Alto, CA?: Annual Review Inc.

[8] Aldrich, Howard (1979), *Organizations and Environments*, Engle-

wood Cliffs, NJ: Prentice Hall.

[9] Almeida, H., Wolfenzon, D., A theory of pyramidal ownership and family business groups, *Journal of Finance*, 2006, 61.

[10] Bagozzi R. P., & Yi Y. (1988), On the evaluation of structural equation models, *Journal of the Academy of Marketing Science*, Vol. 16, No. 1.

[11] Barney J. B., Film resources and sustained competitive advantage. *Journal of Management*, 1991, 17.

[12] Baysinger, B., Domain maintenance as an objective of business political activity: An expand typology. *Academy of Management Review*, 1984, 9 (2).

[13] Becker, G., A theory of competition among pressure groups for political influence. *Quarterly Journal of Economics*, 1983 (3).

[14] Boddewyn, J., &Brewer, T., International business political behavior: New theoretical directions. *Academy of Management Review*, 1994 (19).

[15] Bontis, N., Intellectual Capital: an exploratory study that develops measures and models, *Magement Decision*, 1998, 36 (2).

[16] Bontis, N. Keow, W. C. C., Richardson, S. Intellectual Capital and business Performance in Malaysian industries, *Journal of Intellectual Capital*, 2000, 1 (1).

[17] Bourgeois L. J. (1980), Strategy and environment: A conceptual integration, *The Academy of Management Review*, Vol. 5, No. 1.

[18] Bourgeois, L. J. (1985), Strategic goals, perceived uncertainty, and economic performance in volatile environments. *Academy of Management Journal*, 28.

[19] Brenna, N., Connell, B., Intellectual Capital: current issues and policy implications, *Journal of Intellectual Capital*, 2000, 1.

[20] Brush, Chaganti. Businesses without glamour? An analysis of resources on performance by size and age in small service and retail

firms, *Journal of Business Venturing*, 1988. 14.

[21] Buchanan, J., Tollison, R., &Tullock, G., Toward. *a theory of a rent seeking society. College Station*, TX: Texas A&M University Press. 1980.

[22] Burt, R. S., 1983, Corporate Profits and Cooptation: Networks of Market Constraints and Directorate Ties, in the American Economy, *New York: Academic Press.*

[23] Chesbrough H. W., Appleyard M. M. (2007), Open innovation and strategy. *California Management Review*, 50 (1).

[24] Chesbrough H. W. (2003a), *Open innovation, the new imperative for creating and profiting from technology.* Harvard Business School Press.

[25] De Brentani, U., Success and Failure in New York Industrial Services, *Journal of Product Innovation Management*, 1989.

[26] Dess G. G., & Beard D. W. (1984), Dimensions of Organizational Task Environments, Administrative *Science Quarterly*, 29 (1).

[27] Dillman D. A. (2000), *Mail and Internet surveys: The total design method*, New York, Wiley.

[28] Douglas R., Wholey, Susan M., Sanchez. The effects of regulatory tools on organizational populations, *Academy of management review*, 1991, 16 (4).

[29] Douglas, D., *Corporate political activity as a competitive strategy: Influencing public policy to increase firm performance*. PH. D. Thesis, Texas A&M University, 1995.

[30] Duncan R. B. (1972), Characteristics of Organizational Environments and Perceived Environmental Uncertainty, *Administrative Science Quarterly*, Vol. 17, No. 3.

[31] Eisenhardt K. M. (1989), Making fast strategic decisions in high-velocity environments, *Academy of Management Journal*, 32 (3).

[32] Emery F. E., & Trist E. L. (1965), the Causal Texture of Organi-

zational Environments, *Human Relation*, 18 (1).

[33] G. F. Will, 1999, the primacy of culture, *Newsweek*, January 19.

[34] Getz, K. A., Research in corporate political action: integration and assessment. *Business and Society*, 1997, 36 (1).

[35] Grier, B., Munger, C., &Roberts, C. The determinations of industry political activity, 1978-1986. *The American Political Science Review*, 1994, 88 (4).

[36] Hadlock, C. J., and Ryngaert, M., Thomas, Corporate structure and equity offerings: are there benefits to diversification? *Journal of Business*, 2001, 5.

[37] Hannan, Michael T., John Henry Freeman. Niche width and the dynamics of organizational populations, *American Sociological Review*, 1983.

[38] Hannan, Michael T., John Henry Freeman. Structure inertia and organizational change, *American Sociological Review*, 1984.

[39] Harrington R. J., & Kendall K. W. (2007), How Certain are you Measuring Environmental Dynamism and Complexity? A Multitrait-Multimethod Approach, *Journal of Hospitality & Tourism Research*, 29 (2).

[40] Hawley, Amos H., Human Ecology, David L., Sills (ed.), *International Encyclopedia of the Social Sciences*, New York: Macmillan, 1968.

[41] Hodge B. J. & Johnson H. J. (1970), *Management and organizational behavior: A multidimensional approach*, Wiley.

[42] J. E. Schrempp, 1999, *The word in 1999, Neighbours across the pond*, The Economist Publications.

[43] James F., Moore, Business ecosystems and the view from the firm, *The antitrust bulletin*, Vol. 51, No. 1/Spring 2006.

[44] James F., Moore, Predators and prey: A new ecology of competition, *Harvard Business Review*, 1933, 7.

[45] James F., Moore, *The death of competition: leadership and strategy*

in the age of business ecosystems, New York: Harper Business, 1966.

[46] JinChen, ZhaoHui Zhu, Hong Yuan Xie. Measuring Intellectual Capital: a new model and empirical study, *Journal of Intellectual Capital*, 2004, 5 (1).

[47] Johan Frishamma (2006), Organizational Environment Revisited: A Conceptual Review and Integration, *International Studies of Management & Organization*, 36 (3).

[48] Keats B., & Hitt M. (1988), A causal model of linkages among environmental dimensions, macro organizational characteristics, and performance, *Academy of Management Journal*, 31 (3).

[49] Khnan T., and Plaepu K G., Why Focused Strategies be wrong for Emerging Market? *Harvard Business Review*, 1997, (4).

[50] Kohn, Jonathan W., McGinnis, Michael A., Kesava, Praveen K., Organizational Environment and Logistics Strategy: an Empirical Study, *International Journal of Physical Distribution and Logistics Management*, 20, 2 (1990).

[51] Kwasi Amoako-Gyampah, *The relationships among selected business environment factors and manufacturing strategy: insights from an emerging economy*, Omega, 31 (2003).

[52] La Porta, Rafael, Florencio Lopez-de-Silanes, and A., drei Shleifer, and Robert W., Vishny. Law and finance, *Journal of Political Economy*, 1998, 106.

[53] Laursen K., & Salter A. (2006), Open for innovation: The role of openness in explaining innovation performance among UK manufacturing firms, *Strategic Management Journal*, 27 (2).

[54] Laursen K., & Salter A. (2006), Open for innovation: The role of openness in explaining innovation performance among UK manufacturing firms, *Strategic Management Journal*, 27 (2).

[55] Linda F., Edelmana, Candida G., Brush, Tatiana Manolovac,

Co-alignment in the resource-performance relationship: strategy as mediator. *Journal of Business Venturing* 2005, 20.

[56] Lorsh, J. W., Morse, J. J., *Organizations and Their Members: A Contingency Approach*, Harper & Row, New York, 1974.

[57] M. A., McGinnis, J. W., Kohn, Logistics strategy, organizational environment and time competitiveness, *Journal of Business Logistics*, Vol. 14, No. 2, 1993.

[58] M., Mar Fuentes-Fuentes, Carlos A., Albacete-Sales, F., Javier Leorends-Montes, *The impact of environmental characteristics on TQM principles and organizational performance*, Omega 32 (2004).

[59] Marcus Dejardin, *Entrepreneurship and economic growth: an obvious conjunction? An introductive survey to specific topics*. Institute for Development Strategies Discussion Paper, Indiana University, Bloomington, 2000, Vol, 8.

[60] Menguc B., Barker A T., The performance effects of outcome-based incentive pay plans on sales organization: a contextual analysis. *Journal of Personal Selling & Sales management*, 2003 (23).

[61] Meyer A. D., Adapting to environment joints. *Administrative Science Quarterly*, 1982 (27).

[62] Michael, D., Corporate political strategy and legislative decision-making. *Business and Society*, 2000, 39 (1).

[63] Miles, R. E., Snow, C. C., &Pfeffer. J. 1974. Organizational-environment: concepts and issues. *Industrial Relations*, 13.

[64] Olson, M., The logic of collective action. Cambridge, England, *Cambridge University Press*. 1965.

[65] Osborne, A., Measuring Intellectual Capital: The real value of companies, *The Ohio CPA Journal* (10-11), 1998.

[66] Parknhe A. (1993), Strategic alliance structuring: a game theoretic and transaction cost examination of interfirm Cooperation, *The Academy of Management Journal*, Vol. 36, No. 4.

[67] Pearce J. A. , & Robinson R. B. (2003), *Strategic management: Strategic formulation and implementation*, AITBS Publishers & Distributors, Delhi.

[68] Pena. Intellectual capital and business start-up success. *Journal of Intellectual capital*, 2002, 3 (2).

[69] Perrow, C. (1972), *Complex Organizations: A Critical Essay.* Glenview, Ill: Scott, Foresman.

[70] Peter T. , Ward et al. , Business environment, operations strategy, and performance: An empirical study of Singapore manufacturers, *Journal of Operations Management*, 1995, 13.

[71] Pfeffer, J. , and Salancik, G. , 1978, *The External Control of Organizations: A Resource Dependence Perspective*, New York: Harper and Row.

[72] Podsakoff P. M. , & Organ D. W. (1986), Self-reports in organizational research: Problems and prospects, *Journal of Management*, Vol. 12, 4.

[73] Priem R. L. , Love L. G. , Shaffer M. A. (2002), Executives' perceptions of uncertainty sources: a numerical taxonomy and underlying dimensions, *Journal of Management*, 28 (6).

[74] Rehbein, K. , &Schuler, D. , The firm as a filter: a conceptual framework for corporate political strategies. *Academy of Management Journal*, 1995.

[75] Rindova, V. , & Fombrun, C. , Construction competitive advantage: The role of firm – constituent interactions, *Strategic Management Journal*, 1999, 20 (8).

[76] Ross, J. , Ross, G. , Dragonetti, N. C. , Edvinsosn, L. *Intellectual Capital: Navigating in the New Business Landscape*, London: Macmillan, 1997.

[77] S. Dutta, O. Narasimhan, & S. Rajiv, Conceptualizing and measuring capabilities: Methodology and empirical application, *Strategic*

Management Journal, 2005, 26.

[78] Salamon, L., &Siegfried, J., Economic power and political influence: The impact of industry structure on public policy. *American Political Science Review*, 1977, 71 (3).

[79] Sanchez, Management of Intangibles: An attempt to build a theory, *Journal of Intellectual Capital*, 2000, 1 (4).

[80] Selznick, P., 1949, *TVA and the Grass Roots: A Study in the Sociology of Formal Organization*, Berkeley, University of California Press.

[81] Shaker A., Zahra, Donald O., Neubaum, Morten Huse, Entrepreneurship in medium-size companies: exploring the effects of ownership and governance systems. *Journal of Management*, 2000, Vol. 26 (5).

[82] Shrader, Mark Simon, Corporate versus independent new ventures: Resource, strategy and performance differences, *Journal of Business Venturing*, 1997, 12.

[83] Sittimalakorn W., Hart S., Market orientation versus quality orientation: sources of superior business performance. *Journal of Strategic Marketing*, 2004 (12).

[84] Starr, J. B. (2001), Understanding China: *A guide of China's economy, history, and political culture*. New York, Hill and Wang.

[85] Steiner G A. (1984), *Business, government, and society: A managerial Perspective text and cases*, New York: Random House.

[86] Thompson, J. D. (1967), *Organizations in action*, New York: McGraw - Hill.

[87] Thompson, J. D., and McEwen, W. J. (1958), Organizational goals and environment: Goal - setting as an interaction process, *American Sociological Review*, 23.

[88] Tollison, R., Rent *seeking: Asurvey*. Kyklos, 1982 (35).

[89] Tsui, A. (2006), Contextualization to global management knowl-

edge: A case for high quality indigenous research. *Asia Pacific Journal of Management*, 21 (4)

[90] V. F. Misangyl, H. Elms, T. Greckhamer, &J. A. Lepine, A new perspective on a fundamental debate: A multilevel approach to industry, corporate, and business unit effects, *Strategic Management Journal*, 2006, 27.

[91] Ven de Ven, Andrew H. &Diane L. Ferry, *Measuring and Assessing Organizations*, NY: John Wiley&Sons, 1980.

[92] Venkatraman N. &Ramanujam V., Measuring of business performance in strategy research: A comparison of approaches. *Academy of Management Review*, 1986 (11).

[93] Villalonga, B., Does Diversification Cause the Diversification Discount? *Financial Management*. 2004.

[94] Volberda H. W. (1998), *Building the flexible firm: How to remain competitive*, Oxford: Oxford University Press.

[95] Williamson, O. Corporate Finance and Corporate Governance, *Journal of Finance*, 1988, 43 (3).

[96] X. M. Song, C. A. Di Benedetto, &Y. L. Zhao. (1999), Pioneering advantages in manufacturing and service industries, *Strategic Management Journal*, 20.

[97] Yoffie, D., *Corporate strategies for political action: a rational model. In A. Marcus*, Kaufman A. &Beam D. (Ed.), Westport, Connecticut: Quorum Books. 1987.

[98] Young Ruth C. (1988), Is Population Ecology a Useful Paradigm for the Study of Organization? *American Journal of Sociology*. Vol, 94.

[99] Zahirul Hoque, A contingency model of the association between strategy, environmental uncertainty and performance measurement: impact on organizational performance, *International Business Review*, 13 (2004).

[100] Zahra S. A., & Covin J. G. (1993), Business Strategy, Technology

Policy and Firm Performance, *Strategic Management Journal*, 14 (6).

[101] Zahra, S. A., and J. G. Covin (1995), Contextual influences on the corporate entrepreneurship-performance relationship: A longitudinal analysis, *Journal of Business Venturing*, 10 (1).

[102] Zald, M. N., ed., 1970, Power and Organizations, Nashville, *Vanderbilt University Press.*

中文部分

[1] 国家经贸委、国家发改委:《中小企业标准暂行规定》,国经贸中小企业〔2003〕143号。

[2] 巴纳德:《经理人员的职能》,孙耀君等译,中国社会科学出版社1997年版。

[3] 财政部统计评价司:《企业绩效评价问答》,经济科学出版社1999年版。

[4] 陈天祥:《中国地方政府制度创新的动因》,载《管理世界》2000年第6期。

[5] 陈晓萍、徐淑英、樊景立:《组织与管理研究的实证方法》,北京大学出版社2008年版。

[6] 陈钰芬、陈劲:《开放式创新:机理与模式》,科学出版社2008年版。

[7] 程承坪:《论企业家人力资本与企业绩效关系》,载《中国软科学》2001年第7期。

[8] 德鲁克:《未来的管理》,李小刚译,四川人民出版社2000年版。

[9] 邓泽宏、钟会兵:《试论规制建设与中小企业发展问题》,载《江汉论坛》2004年第9期。

[10] 杜少平:《社会文化环境与企业管理》,载《经营与管理》1989年第2期。

[11] 费显政:《企业与环境互动关系研究》,武汉大学博士学位论

文，2005 年。

[12] 冯根福、吴林江：《我国上市公司并购绩效的实证研究》，载《经济研究》2001 年第 1 期。

[13] 弗莱蒙特·E. 卡斯特、詹姆斯·E. 罗森茨韦克：《组织与管理：系统方法与权变方法》，傅严、李柱流等译，中国社会科学出版社 2000 年版。

[14] 郭咸刚：《西方管理思想史》，经济管理出版社 2000 年版。

[15] 郭晓丹：《制造业创新选择与环境不确定性（PEU）的关系——基于大连装备制造业的观测与实证》，载《东北财经大学学报》2008 年第 4 期。

[16] 何铮、谭劲松、陆园园：《组织环境与组织战略关系的文献综述及最新研究动态》，载《管理世界》2006 年第 11 期。

[17] 贺远琼、田志龙、陈昀：《环境不确定性、企业高层管理者社会资本与企业绩效关系的实证研究》，载《管理学报》2008 年第 3 期。

[18] 亨利·明茨伯格、布鲁斯·阿尔斯特兰德、约瑟夫·兰佩尔：《战略历程：纵览战略管理学派》，刘瑞红、徐佳宾、郭武文译，机械工业出版社 2002 年版。

[19] 侯杰泰、温忠麟、成子娟：《结构方程模型及其应用》，教育科学出版社 2004 年版。

[20] 加雷思·琼斯：《当代管理学》，人民邮电出版社 2003 年版。

[21] 加利·阿什沃斯：《整合绩效管理——实现股东价值的有效方法》，电子工业出版社 2002 年版。

[22] 贾宝强：《公司创业视角下企业战略管理理论与实证研究》，吉林大学博士学位论文，2007 年。

[23] 焦豪：《企业动态能力、环境动态性与绩效关系的实证研究》，载《中国软科学》2008 年第 4 期。

[24] 克莱尔·克朋：《组织环境：内部组织与外部组织》，周海琴译，经济管理出版社 2005 年版。

[25] 理查德·H. 霍尔：《组织：结构、过程及结果》，张友星等译，

上海财经大学出版社 2003 年版。
[26] 理查德·L. 达夫特：《组织理论与设计》，王凤彬、张秀萍等译，清华大学出版社 2003 年版。
[27] 理查德·斯格特：《组织理论（第四版）》，黄洋等译，华夏出版社 2002 年版。
[28] 理查德·L. 达夫特：《管理学》，韩经纶、韦福祥译，机械工业出版社 2003 年版。
[29] 李大元：《不确定环境下的企业持续优势：基于战略调适能力的视角》，浙江大学博士学位论文，2008 年。
[30] 李汉东、彭新武：《战略管理前沿问题研究：变革与风险——不确定条件下的战略管理》，中国社会科学出版社 2006 年版。
[31] 李汉军、张俊喜：《上市企业治理与绩效间的内生性程度》，载《管理世界》2006 年第 5 期。
[32] 李怀祖：《管理研究方法论》，西安交通大学出版社 2004 年版。
[33] 李嘉明、黎富兵：《企业智力资本与企业绩效的实证分析》，载《重庆大学学报（自然科学版）》2004 年第 12 期。
[34] 李兰：《这个冬天有多长——2009 年中国企业外部环境》，机械工业出版社 2009 年版。
[35] 李良俊：《企业环境与企业绩效的关系模式探析》，载《内蒙古科技与经济》2008 年第 18 期。
[36] 李平、李伟：《环境动态性对经营者持股和公司绩效关系的影响研究》，载《湖南大学学报（社会科学版）》2006 年第 6 期。
[37] 李雪松、司有和、龙勇：《企业环境、知识管理战略与企业绩效的关联性研究——以重庆生物制药行业为例》，载《中国软科学》2008 年第 4 期。
[38] 李亿、司有和：《探索式创新、利用式创新与绩效：战略和环境的影响》，载《南开管理评论》2008 年第 5 期。
[39] 李正卫：《动态环境下的组织学习与企业绩效》，浙江大学博士学位论文，2003 年。
[40] 梁运文、谭力文：《商业生态系统价值结构、企业角色与战略

选择》，载《南开管理评论》2005年第1期。

[41] 林汉川、夏敏仁、何洁：《中小企业发展中所面临的问题》，载《中国社会科学》2003年第2期。

[42] 刘军、富萍萍、吴维库：《企业环境、领导行为、领导绩效互动影响分析》，载《管理科学学报》2005年第5期。

[43] 刘少武：《关于制度安排对经济增长方式与转变作用的思考》，载《管理世界》2000年第6期。

[44] 刘延平：《企业环境与国际竞争力》，载《辽宁大学学报》1995年第5期。

[45] 罗伯特·D. 巴泽尔：《战略与绩效》，吴冠之等译，华夏出版社2000年版。

[46] 罗伯特·F. 德威利斯：《量表编制：理论与应用》，魏永刚、龙长权、宋武译，重庆大学出版社2004年版。

[47] 罗珉：《组织理论的新发展——种群生态学理论的贡献》，载《外国经济与管理》2001年第10期。

[48] 马尔科姆·S. 格林伍德：《企业经济学：原理与案例》，阙澄宇译，东北财经大学出版社、汤姆森国际出版社集团1999年版。

[49] 马克·桑德斯、菲利普·刘易斯、阿德里安·桑希尔：《研究方法教程》，杨晓燕译，中国商务出版社2004年版。

[50] 马迎贤：《资源依赖理论的发展和贡献评析》，载《甘肃社会科学》2005年第1期。

[51] 迈克尔·A. 希特：《战略管理——竞争与全球化（概念）》，吕魏译，机械工业出版社2009年版。

[52] 聂永有、费金玲：《产业生态系统演化的动力机制研究》，载《产业研究》2007年第3期。

[53] 潘军：《一种新的视角：商业生态系统》，载《生态经济》2004年第1期。

[54] 乔治·诗蒂娜：《企业、政府与社会》，张志强、王春香译，华夏出版社2002年版。

[55] 邱皓政、林碧芳：《结构方程模型的原理与应用》，中国轻工业

出版社 2009 年版。

[56] 邱泽奇：《在工厂化和网络化的背后——组织理论的发展与困境》，载《社会学研究》1999 年第 4 期。

[57] 斯蒂芬·P. 罗宾斯：《管理学》，黄卫伟、孙建敏、王凤彬等译，中国人民大学出版社 1997 年版。

[58] 谭力文：《民营企业的经营战略》，民主与建设出版社 2001 年版。

[59] 唐国华：《不确定环境下企业开放式技术创新战略研究》，武汉大学博士学位论文，2010 年。

[60] 托马斯·卡明斯：《组织发展与变革精要》，李剑锋等译，清华大学出版社 2003 年版。

[61] 王益谊、席酉民、毕鹏程：《组织环境的不确定性研究综述》，载《管理工程学报》2005 年第 1 期。

[62] 王重鸣：《心理学研究法》，人民教育出版社 1990 年版。

[63] 吴宝仁、刘永行：《华西对话》，载《中国企业家》1999 年第 8 期。

[64] 吴明隆：《SPSS 统计应用实务》，科学出版社 2003 年版。

[65] 吴增源：《IT 能力对企业绩效的影响机制研究》，浙江大学博士学位论文，2007 年。

[66] 席酉民：《企业外部环境分析》，高等教育出版社 2001 年版。

[67] 徐权、汪涛：《经济转轨期国企兼并模式——政府引导型模式成因探析》，载《管理世界》2000 年第 2 期。

[68] 姚俊、吕源、蓝海林：《我国上市公司多元化与经济绩效关系的实证研究》，载《管理世界》2004 年第 11 期。

[69] 伊恩·沃辛顿、克里斯·布里顿：《企业环境》，徐磊、洪晓丽译，经济管理出版社 2005 年版。

[70] 余明桂、夏新平：《控股股东、代理问题与关联交易：对中国上市公司的实证研究》，载《南开管理评论》2004 年第 6 期。

[71] 虞慧晖、贾婕：《企业债务与产品市场战略：基于中国上市公司的实证研究》，载《数量经济技术经济研究》2005 年第

3 期。

[72] 袁方：《社会研究方法教程》，北京大学出版社 1997 年版。

[73] 原欣伟、伊景冰、张元好：《情境因素下的学习动因、创新和绩效——一个实证研究》，载《研究与发展管理》2008 年第 4 期。

[74] 约翰·P. 科特：《企业文化与经营业绩》，李晓涛译，中国人民大学出版社 2004 年版。

[75] 詹姆斯·弗·穆尔：《竞争的衰亡——商业生态系统时代的领导与战略》，北京出版社 1999 年版。

[76] 詹姆斯·汤普森：《行动中的组织——行政理论的社会科学基础》，敬乂嘉译，上海人民出版社 2007 年版。

[77] 张维迎：《企业寻求政府支持的收益、成本分析》，载《新西部》2001 年第 8 期。

[78] 张卫国、袁芳：《上市公司多元化战略与经济绩效关系实证分析》，载《重庆大学学报（社会科学版）》2002 年第 11 期。

[79] 张文科：《对我国产业重组问题的思考》，载《管理世界》2000 年第 2 期。

[80] 张雪兰：《环境不确定性、市场导向与企业绩效——基于嵌入性视角的关系重构及实证检验》，载《中南财经政法大学学报》2007 年第 6 期。

[81] 张延林：《论商业生态系统竞争战略》，广东工业大学出版社 2003 年版。

[82] 张翼、刘巍、龚六堂：《中国上市公司多元化与公司业绩的实证研究》，载《金融研究》2005 年第 9 期。

[83] 张征宇、贺政楚：《环境变数中介对企业创业精神及经营绩效影响》，载《求索》2005 年第 6 期。

[84] 赵锡斌、夏频：《动态环境中企业选择的压力及对策》，载《江汉论坛》2004 年第 5 期。

[85] 赵锡斌：《企业环境研究的几个基本理论问题》，载《武汉大学学报（哲学社会科学版）》2004 年第 1 期。

［86］赵锡斌：《试论企业环境的创新》，载《珞珈管理评论》2007年第11期。

［87］赵锡斌：《企业环境分析与调适——理论与方法》，中国社会科学出版社2007年版。

［88］中国企业家调查系统：《中国企业经营者队伍制度建设的现状与发展》，载《管理世界》2000年第4期。

［89］钟竞、陈松：《外部环境、创新平衡性与组织绩效的实证研究》，载《科学学与科学技术管理》2007年第5期。

［90］周松波：《企业兵法管理》，中国经济出版社1995年版。

［91］朱少英、齐二石、徐渝：《企业变革型领导、团队氛围、知识共享与团队创新绩效的关系》，载《中国软科学》2008年第11期。

［92］朱武祥、陈寒梅、吴迅：《产品市场竞争与财务保守行为——以燕京啤酒为例的分析》，载《经济研究》2002年第8期。